21世紀をつくる君たちへ

木村　孝　編著

学習の友社

まえがき

本書の書名が、『21世紀をつくる君たちへ』となっていて「21世紀に生きる君たちへ」でないことに、ご注目ください。

21世紀をつくるというのは、たいへん、積極的な内容をもっています。いかに生きるかを主題にふくみながら、どういう日本をつくるのか、誰がつくるのか、どのようにつくるのかを含んでいるからです。別の言葉でいうならば、「主権者として、新しい日本社会を建設していってほしい」という期待、希望ということになるでしょうか。

そのことは同時に、人類が当面している「現代の危機」にも思いをはせざるをえない問題をふくむでしょう。人間は真の人間の名に値する新たな生を始めることができるだろうか。地球上のさまざまな生物を絶滅に追いやりながら、人類もまた絶滅の道をたどるのかどうかの局面に、いま立っています。

このように、日本をつくりかえるということは、人類と地球環境が当面している「現代の危機」も視野にはいってくるでしょう。

新しい時代が始まりそうなとき、社会は激しく変動するでしょう。予測できない問題がつぎつぎにおこり、実は、わかりにくい時代でもあります。

こういう時こそ哲学が必要です。

わたくしたち六人は、日ごろ、自主的で大衆的な学習運動に参加していて、若い人たちがなにに悩み、どんなことに躓いているかに共感をよせていて、それに応えようとペンをとりました。

人生の生き方には無限の可能性があると示唆する青年へのエッセーをはじめ、市民運動と社会的認識の発展についてふれた考察、日本国憲法のなかのゆたかな人間論を解明した論考、青年期に人間的教養をつむ意味をとりあげた論文、青年が市民運動に参加して大事な役割をはたしている報告、資本主義のなかから新しい社会を目指す人びとがどのように生み出されてくるかの論考、などです。

本書が、21世紀をよりよく生きようと希望する若い人たちに、少しでもお役に立てれば幸いです。

21世紀をつくる君たちへ　目次

もう一つの生き方——ホセ・ムヒカから学ぶ

村本　敏

衝撃のスピーチ

ホセ・ムヒカ、前ウルグアイ大統領をご存知ですか？

二〇一六年四月、かれが夫人（ルシア・ポランスキー上院議員）とともにこの国にはじめてやって来たのは、日本の若い人たちと話をするためです。でも、なぜ南米の農業国ウルグアイの前大統領が、日本の青年と話をしようというのでしょうか？

かれの名が日本に、いや世界中に知られるようになったのは、二〇一二年六月ブラジルのリオデジャネイロで開かれた「国連持続可能な開発会議」（通称、リオ＋20）という国連最大規模の国際会議によってでした。

その初日に各国首脳によるスピーチがありました。ウルグアイの番がまわって来る頃には（なにせABC順なので）、すでに会場の人影はまばらになっていました。自分のスピーチが終りしだい会場をあとにする首脳が多かったからです。そんななかで、いつものノーネクタイのシャツにジャケット姿で演壇に立ったのは、ホセ・ムヒカ第四〇代ウルグアイ大統領（一九三五年生。以下、敬称略）です。

およそ一〇分間の短いスピーチが終ると、どっと会場がわき、長い間、拍手が鳴りやみませんでした。

それは「衝撃的」スピーチでした。なぜ？　まず、そのスタイル。およそ政治家とは思えないような率直なもの言い。だが、内容はもっと「衝撃的」でした。では、どこが？　それは豊かさ（貧しさ）についての考えでしょうか――「貧しい人とは、少ししかモノを持っていない人のことではなく、限りない欲をもち、いくらあっても満足しない人のことだ」（これはじつはムヒカが好んで引く、アマゾン流域の先住民族アイマラ族の言葉です）。それとも幸福についての考えでしょうか――経済の「発展は、人間の幸福に」具体的には「地球［自然］への愛、人間関係、子育て、友情、基礎的な欲求（必要）の充足に利するように働かなければならない。」

かれのスピーチは、現代の消費経済への警鐘、行き過ぎた消費文明を心配する人びとへの励ましといえます。日本に限っていえば、三・一一以降の「清貧」や精神価値を重んじる流れとも呼応します。たとえば、その一つに「プア充」という生き方があります。これは「リア充」すなわちリアルな充実――ネット世界のような仮想現実ではなく実生活における充実をさす――との対照から生まれた新語で、物質的・金銭的にはプア（貧）でも、精神的に充実した生活を好ましいとする生き方をさします。ムヒカのメッセージはそのような生き方を自主的に選択し、あるいは貧しさゆえに選ばざるをえない人びとの心をゆさぶりました。

しかし、ムヒカは次のようにも言っています――「われわれがいま直面している巨大な困難は、けっして環境問題ではなくあきらかに政治の問題なのです」。

これは環境問題を否定している言葉ではありません。それをふくむ人類の危機を解決するには、なによりも「市場の力」をコントロールする政治の力が必要だということ、にもかかわらずそれが認識されていない、あるいはコントロールする政治の力がまだ未熟だという主張です。それが政治の危機です。

「私たちが市場を支配しなければならないのに」いまや「市場の力が私たちを、人の一生を支配するものになっています。」「それゆえ、私たちが直面しているのは、政治的な問題なのです。」この言葉には政治家、しかもユニークな社会主義者としてのムヒカの本領があらわれています。

「世界でもっとも貧しい大統領」？

この国連スピーチによってムヒカは一躍、世界中に知られる存在となりました。ただし、社会主義者としてではなく「世界でもっとも貧しい大統領」として。初めにそう呼んだのは、イギリスの放送局BBCですが、日本にもそのような形で紹介されました。

・絵本『世界でいちばん貧しい大統領のスピーチ』
くさばよしみ編、中川学絵、汐文社、二〇一四年三月。

・『世界でもっとも貧しい大統領　ホセ・ムヒカの言葉』
佐藤美由紀編著、双葉社、二〇一五年七月。

・『悪役　世界でいちばん貧しい大統領の本音』
A・ダンサ、E・トゥルボヴィッツ著、大橋美帆訳、汐文社、二〇一五年一〇月。

どの本のネーミングも「世界でいちばん貧しい大統領」となっています。なるほど、ホセ・ムヒカの暮らしは、そう呼ばれるにふさわしいでしょう。ほとんどつましい小農場主といった体です。

かれは豪華な大統領公邸ではなく、首都モンテビデオ郊外の自分の農場のわずか三部屋しかない小さな平屋に住み、給与のほとんどを寄付し、時には友人のアルゼンチン大統領の飛行機に便乗して国際会議に出かけるほどでした。ある意味では破格の、困った大統領、「もっとも貧しい」というより、むしろ「もっとも大統領らしからぬ大統領」と呼ばれるにふさわしいかもしれません。しかし、そのような民衆の生活水準と違《たが》わぬ慎ましい暮らしぶりは、世界中の人びとに圧倒的に清新な印象を与えたのです。

この暮らしぶりは、ムヒカの一三年に及ぶ過酷な獄中体験に根ざすとともに――かれはもと都市ゲリラで、軍事政権下では独房にとじこめられていました。「独房で眠る夜、マット一枚があるだけで私は満ち足りた。質素に生きていけるようになったのは、あの経験からだ」。――なによりもかれの政治信条と結びついたものなのです。

ムヒカの考えでは、代表民主制の国の指導者たちは国民の多数派と同様の生活をすべきなのです――「私たちの住む世界が多数派によって統治されなければならないとするなら、指導者たちはみずからの視点の拠り所を、少数派［金持ち］ではなく、多数派［働く民衆］の視点におくように努力すべきだ。」（二〇一四年・CNN）

さて、話を冒頭に戻しましょう。ムヒカの日本への旅は、かれの国連スピーチを最初に絵本の形で紹介した汐文社の招き（それにフジテレビがのっかった）によるものでした。旅程は東京→京都→大阪→広島→東京をめぐる八日間。その二日目（四月七日）にムヒカがもっとも望んでいた日本の青年たちとの出会いが、東京外国語大学で実現しました。ここでムヒカはまず一時間に及ぶ講演をし（テーマ「日本人は本当に幸せですか?」）、学生と質疑応答を交わします。

後半は池上彰さんとの特別対談でした。（対談内容は『池上彰とホセ・ムヒカが語り合った　ほんとうの豊かさって何ですか？』二〇一六年一〇月、角川書店に収められています。）

またもや「世界でいちばん貧しい大統領」が語る「ほんとうの幸せ」「ほんとうの豊かさ」の話しです。キャッチコピーかもしれませんが、あたかも若者に道を説く賢者、現代のソクラテス？　といった趣きではありませんか。とはいえ、この外語大講演は内容的にはムヒカの思想をもっともまとまった形で提示するものになりました。そこで、以下、この講演を中心に、また必要に応じて国連スピーチその他をも参照しながら、独自な民主主義者・社会主義者としてのムヒカの思想を跡づけてみようと思います。

お断わり。ムヒカはみずからの思想を著述の形で表わすことはありません。かれの著書すべては話された言葉をまとめたものです。そのため、とくに一人語りの講演などでは生きいきとした魅力的な表現とともに、しばしば分かりにくさが混在しています。それに加えて翻訳の問題があり、読み手はしばしば話の道筋や概念をとらえるのに難渋します。

はじめ私はムヒカの思想を論ずるつもりでしたが、こうした理由から重点をムヒカの思想を読み解くことに切りかえました。しかし、そのことはかえってこの本のねらい――できるだけ若い人に読んでもらいたいという願いにかなっているように思われます。

人生の選択肢

まず出発点。ムヒカは私たちにとってもっとも大切なことの指摘から始めます。それは、『生きている』という価値を深く受け止める」ことにほかなりません。生きているということは、「奇跡」であり、「可能性を秘めている」のです。しかもそれは「時間」のなかでの出来事でもあります。国連スピーチの表現をかりると、「人生は短いし、持ち時間はあっという間に過ぎ去ってしまう」。だからこそ貴重なわけです。時間の問題はこの先、豊かさや幸福の問題へとつながっていきます。

さて、生きているのは、「個人」です。だが、その個人は、「人類という〝種〟の一員」「文明を形づくったメンバーの一員」でもあります。ムヒカにとって、種、文明（文化）、そして社会も、個人と対照された一系列の概念です。つまり、個人は種、社会、文明の一部だ、というわけです。

以下、手短な解説。どんな個人もある人（男女）の子どもです。そして現在、生きている人はおよそ三〇万～二〇万年前に地球上（アフリカ）にあらわれたホモ・サピエンスという種の、同じ遺伝子プールから生命（いのち）をもらった子孫にすぎないのです。

またどんな人も一人では生存することができず、かならず他の人びとの世話になって成長し、互いの労働により支え合って生活を維持・再生産している存在です。つまり個人として生きていけるのは、歴史的につくられた社会関係という網の目のなかにいるからです。それが社会の一員だということです。

またどんな個人も、一人でみずからの生活の仕方（生活様式）やものの感じ方考え方（精神）をつくっているわけではありません。自分がそこに生まれた共同体が歴史的にうけついできた文化（文明）をわがものにすることによって、はじめて人間としてのいのちを生きているのです。

というわけで、ムヒカは「人間［個人］の意識のなせる技は絶対的ではなく、文化や文明の枠でみると部品にすぎないかもしれない」といいます。でも、「個人は意識があるので、ある程度までは自分自身のかけがいのない人生をつくることができます。」なぜなら、個人の意識は「『存在の方向性』というべきものをつくる」からだといいます。やや分かりにくい表現ですが、意識は個人の生き方を方向づけることができるという意味です。

「人生には二つの選択肢があります。」「一つは『生まれたから生きる』という、すべての生き物に共通した道です。」これは流れにまかせて「気ままに人生を送る」生き方をさします。

「もう一つは『私たちの人生を方向づける』という道です」。これは心をもって生きている人間だからこそできる道です。ムヒカはこの道を「人生を自分自身で操縦し、『私たちの人生』という奇跡を大義のために使う選択でもある」と述べます。ところで、この「大義」という言葉の登場は、少々唐突あるいは奇異に感じられるかもしれません。いったい人生の「大義」とは、何のことでしょうか？

ここで前に述べた個人と種・文明の関係に立ち戻る必要があります。私たち一人ひとりの人生は、「先人から」、いいかえれば何十世代にもわたって受け継がれた「文明」から「多くの恩恵をうけて」いるという事実です。もし、それぞれの個人がつねにゼロから出発するのであれば、いまの私たちの生活と人生はまったく違った、素朴なあるいは粗野なものに止まっているにちがいありません。「だからこそ、これからやってくる世界を、私たちが今生きている世界よりもよりよいものにしようという意思を持っていたい」とムヒカは述べています。この「世界を今よりもよりよいものにしていく」こと、これがムヒカのいう「大義」だ、とわたしは考えます。とすれば、それは奇異なものではなく、むしろ私たちがふだんに願うものではないでしょうか。

エゴイズムと市場の問題

そうだとしても、大義はなかなか実現できず、大義につながる人生は容易に歩めるものではありません。それどころじゃない、生きるだけで精一杯だ、という声さえ返って来そうです。まさに問題はそこにあります。この点についてのムヒカの考えを知るには、まずエゴイズムと市場の問題をとりあげなければならないでしょう。

エゴイズムは「すべての生命あるものが本能的に持っているもので」「いまこの場所で自分を守るために活躍します。」しかし、エゴイズムの力は大義へとつながりません。自分さえよければいい、「あとは野となれ山となれ」というところまで行くと（もっとも野や山なら、まだ緑があるといえます。現在なら砂漠というべきでしょうか）、むしろ大義を滅ぼすものでしかありません。

だが、ムヒカによれば、個人はそれと反対の「もう一つの力」を秘めているのです。では、それは何か？　その答えは「団結あるいは連帯の感情」です。「それは前の世代の人間が知恵で築きあげたもの、『文明』『文化』『知識』とも呼ばれるもののなかにふくまれているものです。」そして「これは教育によって磨きをかけられ、正しく生きることによって高められ」といいます。こうして個人は「自分で自分のエゴにブレーキをかける」ことができるようになる、というのです。

エゴイズムに対抗する力についてのムヒカのこの考えは、魅力的です。「もう一つの力」を利他心とか良心とか、はたまた愛とかいわずに、これを歴史的に発展する文化や知識によって担われるものととらえる点がすぐれています。

ムヒカは、続けます。しかし、残念ながら「人間は神ではなく」「パーフェクトな存在にはなれない」ので、私たちは「この二つの矛盾する力、感情」を抱えて生きていかざるをえません。そんな「人間がつくる社会に完璧などありえない」以上、社会には「かならず紛争が起こります」。ムヒカによれば、「政治」とは「それでも［社会を］共存可能なようにまとめていく行為」なのです。そのかぎりで、「政治とは、すべての人の幸福を求める闘い」とさえいえます。ついでに付け加えると、この矛盾する二つの感情を個人の次元において制御する知、賢慮を哲学、あるいは「教養」と呼んでもいいかもしれません。

もう一つの問題は「市場経済」「市場の力」との関係です。ムヒカの市場経済は、実質的には資本主義をさす言葉です。市場経済の主人公は資本ですから、今日の市場経済はより正確には資本主義というべきです。ムヒカも別のところでは資本主義という言葉を使っていますから、その辺はあまりこだわらないのかもしれません。

ここで資本についての説明を補足しておきます。資本とは、とりあえずお金（貨幣）のことです。しかし、お金といっても私のポケットやあなたの家計にあるような、使えばなくなるようなお金（生活資金）をさすわけではありません。資本とは、使うことによってみずからを増やしていくような運動をするお金のことです。でも、どうしてそんな魔法のようなことが可能になるのでしょう？　その秘密は儲け（利潤）を生みだすからです。儲けなければ資本もやはり普通のお金と同じようになくなってしまいます。したがって、資本にとっては利潤こそ、いのちです。資本主義社会とは、そのような特別なお金つまり資本が生産と経済を組織し、さらには社会のその他の部分（政治や精神文化など）を自分に合わせてまとめあげていく社会のことです。

資本という主体は、利潤を求めて行動します。資本主義経済の魂は、なによりも利潤第一主義です。そういう経済体制のなかで私たちは生活しているのです。

さて、利潤第一主義の経済は、エゴイズムを刺激しないではおきません。資本に依拠して生きる人びとは、とうぜん利潤第一主義に衝き動かされます。働く人びとも、さまざまな形で（たとえば社員として、また時には小株主としても）少なからず利潤第一主義にまきこまれてしまうでしょう。またどんな人もこの経済体制に起因する社会的な生存競争にさらされないわけにはいきません。

ムヒカはきびしく指摘しています――「現在の国際金融市場」では「非常に莫大なお金が、投機的に使われています。それらは生産拡大にではなく、お金の量を増やすためだけに使われているのです。」しかもこうして儲けたあぶく銭を税金という形で社会に還元することさえ惜しんで「いま話題の〝パナマ文書〟にも指摘されているように『タックスヘイブン』［租税回避地］を使う人もいます」。ムヒカがあげるこうした例は、利潤第一主義に衝き動かされたエゴイズムが現在、どんなに肥大化し、「馬鹿げた、悲惨な状況」、大義に背くものになっているかを示すものです。

人生の「時間」

市場経済はいまや世界を一体化し、個々人の生活の細部まで浸透するにいたっています。市場経済との関連で、ムヒカがいつも話題にするのは、「時間」の問題です。これはかれの現代文明批判の中心テーマといえます。

現代の文明は市場経済から「生まれた」ものです。市場はそもそも自給自足する小共同体や村落の生活規範から「自立」した経済で、「限りあるものを適切に管理する組織だった仕組み」にほかならない、とムヒカは市場経済の合理性を評価します。でも、「そういう経緯があるにもかかわらず、私たちの文明は『有り余るものはない』という状況を忘れているように見える」「すべてには限界があり、それをつねに意識する必要がある」とムヒカは指摘します。

ところで、あなたならまず何を「限界あるもの」として思い浮かべるでしょうか？ ムヒカがあげるのは「人生の時間」です。「スパーマーケットに行けば、いろいろなものを買うことができます」。でも、「人生の年月というもの」だけはけっして買うことができない、と。

人生は限られた時間にほかなりません（「人生の時計はいつか電池が切れる」）。しかも人はその限られた時間のすべてを自由に使えるわけではなく、ふつうの人にとっては、人生の多くの時間は働いてお金を稼ぐための時間でしかないのです。

つけ足します。かつて「セブンイレブン社員」という言葉がありました。コンビニのセブンイレブンの社員ではありません。朝七時頃に出勤し、夜一一時前後に帰宅するサラーリーマンを揶揄しあるいは哀れんで呼んだ表現です。残り時間はわずか八時間。睡眠時間をとったら、もうほとんど自分の時間はありません。

当時（一九八九年、「バブル」真っ盛りの時期）もっと恐ろしい言葉さえありました。「二四時間タタカエマスカ」という栄養ドリンク「リゲイン」のＣＭです。「そんなバカな、戦えるはずあるか」と疑問に思う人もいるかもしれません。しかし、たとえば前線の兵士は二四時間戦っている、といえないでしょうか？　かれらももちろん食べたり眠ったりします。しかし、それらの生活行為も戦いのなかに埋め込まれているのです。いったん戦いが始まったら、たとえトイレにいても事が終わるまで待ってくれとはいえません。それにいつ戦いが始まっても対応できるように、つねに戦闘準備態勢でいなければならないのです。それが二四時間戦うということ、つまり自分のための時間をもたないという意味ではないでしょうか。

もちろん長時間労働はひと世代前の遺物ではありません。この間、労働賃金は大幅に下がりましたが、それに応じて労働時間も短くなったわけではありません。二〇一五年末、電通の若い女子社員が過労自殺した事件は記憶に新しいはずです。かの女の死の前一ヶ月の残業時間は、ほぼ一三〇時間。深夜残業、休日出勤のくり返し。総労働時間にすると、およそ三〇〇時間、まるで現代の労働奴隷です。しかし、これは例外中の例外というわけではありません。

先日、政府は「残業時間の上限規制」をめぐり繁忙期一〇〇時間未満とする案をまとめました。これは一〇〇時間未満なら残業を公に認める（合法だ）ということです。ちなみに過労死ラインと目されるのは月八〇時間ですから、これは人生の時間を、過労死ラインを超えてまで奪ってかまわないという宣告です。これが残業規制でしょうか。

ムヒカによれば、人生の限りある時間は、金を稼ぐだけでなく、自分の好きなことをやるため、友人たちと付き合うため、さらには社会的な活動のため、そして「愛のために割かなければなりません。」「もしもあなたに、パートナーや子どもがいるのなら、向き合い、ともに過ごす時間が必要です。」「貧しいというのは『モノ』が少ないことではなく」、この人生で自分の自由になる時間がなく、「時間や愛情を『共有』できないこと」です。「人生のいちばん大きな貧困は、『孤独』だ」とさえムヒカはいうのです。この孤独は「愛をともに育み、親愛の情を与え、もたらしてくれるコミュニティがない」という意味ですから、「孤立」とも訳せます。

またすこし横道します。「コリツムエン」という四字熟語は漢字でどう書くのか? かつてこんな質問を私は労働学校や労働組合などでよくしたものです。コリツは孤立で、ほとんどの人が正しく書けます。しかし、問題はムエンです。無縁と無援の二つの答えが出てきます。(時には無円も。もちろん、金がなくすっからかんだという意味です。)だいたい七対三の割合で「無縁」のほうが多数派ですが、正解は「無援」です。あまり見慣れない、まして書くことのない四字熟語ですから、ほとんどの人はうろ覚え。そうすると、どちらの組み合せに真実らしさを感じるか、で選ぶことになります。無援は孤立して助けのないことです。それにたいし、無縁は助けがないどころか、あらゆる繋がりがないという意味で、孤立はいっそう深刻です。「無縁仏」という言葉さえあります。弔う(供養する)人がいない仏(死者)のことです。どちらが選ばれるか、そこにはいまを生きる私たちの「社会心理」が反映しているといえないでしょうか。そういえば、二〇一〇年には「無縁死」（孤独死）を扱ったＮＨＫスペシャル「無縁社会」が話題になりました（のち、書籍化、文春文庫）。ムヒカなら、日本社会にひそむ孤立「無縁」状況や無縁死を深刻な貧しさのあらわれと見るにちがいありません。

貧しさ（裏からいえば「豊かさ」）の概念を、モノ（財）や金銭だけでなく、働き甲斐や時間や愛情の共有をもふくむものへと広げるべきだという考えは、日本社会にも浸透しつつあります。そのさきがけは、Ｍ・エンデの『モモ』（一九七三年。日本語版は一九七六年）です。しかし、それはまだ消費社会への童話の形をとった、シンボリックでハイセンスな批判（「時間泥棒」とのたたかい）でした。童話でこそありませんが、一九九二年の『清貧の思想』（中野孝次）も性格的にはこれと似ています。二〇〇三年に出た森永卓郎（経済評論家）の『年収三〇〇万円時代を生き抜く経済学』は、事実上元祖「プア充」の提案といえるものです。そして「ワーキングプア」の存在が知られるようになったあとの二〇一三年には島田裕巳（宗教社会学者）の『プア充』という本が出版されます。いまやプア充（の人びと）は、「世界でいちばん貧しい大統領」の豊かさ論に思想の次元だけでなく、生活実感の地平でも共感することでしょう。とはいえ、いくつかの点では検討を要するちがいが見られます。それについてはもう少し後で考えてみることにします。

ムヒカが市場との関連でとりあげるのは、おもに消費の問題です。消費について前説しておきます。消費は生産の目的です。生産によりつくられた物は、消費によりなくなりますが、それは同時に人間の働く力（能力とそれを支えている「いのち」）をつくりだします。豊かな生産は根本的には豊かな働く力、いのちを再生産するもとだといえます。こうした関係は自給自足社会では目に見える形で現れています。

しかし、市場経済では、この関係はややこしくなります。というのは、つくられた物は商品（値段のついた品物）となり、お金と引き換えでなければ消費者の手に渡らないからです。商品のこの物からお金への変面は、商品にとっていわば生死の飛躍です。失敗すれば、元も子もなくしてしまいます。しかし物からお金に変われば、お金が増えて戻って来ます。その増えた分が利潤です。この利潤の獲得こそ、資本主義経済の目的です。もし利潤が見込めなければ、たとえどんなに困る人がいようと、商品は廃棄されてしまいます。それが資本の論理というもので、たとえ無料で配ることがあっても、それはあとあとの利潤のための戦略か、経済とは別のエピソードなのです。

そこで売り手は、この生死の飛躍の成就のために、商品をあの手この手で消費者に売りつけます。宣伝、セール、ローン、カードでの囲い込みは当たり前。「使い捨て」文化大バンザイ、商品の寿命は短ければ短いほど好ましく、「計画的陳腐化」「作為的な買い替え需要」をつくってでも、できるだけ多くを売りさばこうとします。

お金を稼ぐ時間は、ふつうの人びとにとっては、苦痛です。生きるために辛抱しなければならない拘束時間だからです。それに反して、ショッピングや消費は、私の欲求を満たす行為であり、楽しみの時間です。そこで人はようやく生き返り、いくらか主人公の気分を味わうことができます。

市場の消費主義は四六時中「モノを買い続けることが人生の幸せだ」というシグナルを送り続けます。市場から文明がつくりだした先端製品（いわば文明の『花』）をどれだけ買うか、どんなモノを（近年では旅行や体験などのコトも）消費するか、それは幸せのあかしであるだけでなく、さらに私の甲斐性の証明、私の個性の表現（「記号消費」）、生きがいともなります。

ムヒカによれば、現代の消費社会、市場の力は人生を貧しくする元凶でもあります。その理由はこうです。「モノを買う時、人はお金で買っているように思っています。でも、じつはそのお金を稼ぐために働いた人生の時間で買っているのです。」だから、現代の消費社会に誘惑され、「少しばかり余分にお金を使うことだけを考えていると、働く時間が人生の大部分を占めるようになり」「あなたの自由な大切な時間が失われてしまいます。」

ムヒカはこんな例をあげています。「ウルグアイでは、公共福祉の仕事をしている人たちは、六時間労働を長い闘争の末に勝ち取りました。ところが、かれらが何をしたかというと、空いた時間でもう一つの仕事をするようになったのです。結局、八時間働く代わりに一二時間働くことになってしまった」（「来日記念合同インタビュー」）。

こんな本末転倒が起こるのは、「物を買うこと自体が目的化してしまい、またそのためのローンの支払いに追われ、稼ぎを増やさなければならなくなったからです。」

労働は時間と結びついています。一時間（あるいは月や年）の労働がいくらになるかは、だれでも気にするでしょう。ところが、物を買うとは、もっぱらお金と関係することだと思いこんでいます。しかし、買うという行為も時間と関係します。金のなる木をもたない普通の人にとっては、お金で買うとはお金を稼ぐための時間で買うということにほかならないからです。ムヒカは限られた時間の配分という視点から人生をとらえているのです。こうして、より「有意義な時間を得るために」は「自分にリミットをつける」、つまり節度が必要になります。ムヒカが質素なのも、かれにとっての「有意の時間を得る」「本当にしたいことをする時間をつくる」ためのリミット（制限、節度）でしかないのです。

もちろん何を有意と考えるかは、個人によりけり（自由意思）ですから、人によって違います。それなら、私にとっての有意は買い物だから口を出さないでほしい、という人もいるでしょう。それはそれでけっこうですが、しかし買い続けるためにはお金を稼ぐための時間が必要です。限られた時間のなかで稼ぐための時間が突出すると、人間にとって必要な、大切な時間が削られます。そしてそれは幸せの源となる時間が失われるということです。「人生を楽しむためには、自由な時間が必要です」。ムヒカは別のところで資本主義を「いのちを食べるマシーン」とさえ形容しています（ベネズエラ放送局、二〇一二年）。

ひとことつけ足します。ムヒカの議論から、この数十年の男たちの人生の時間配分を想い起します。人生の長い時間を「企業戦士」として生き（家事も子育ても「専業主婦」という名の妻任せ）、奥さんからは「亭主、元気で留守がいい」とつぶやかれ、定年でいつも家にいるようになると「濡れ落ち葉」（くっ付いていて払ってもなかなか落ちない）と嘆かれ、「地域デビュー」もままならない。やがて「家庭内別居」状態となり、ついには「無縁死」を恐れる——この像はかなり戯画化されているとしても、ムヒカの批判の矢はこの間の日本人の生き方に深刻に突き刺さりはしないでしょうか。

「市場社会」とたたかう

ムヒカは市場社会とそれがつくりだした文明をポジとネガの両面からとらえています。

まずポジティブな面──「現在、世界の商業主義はその特性を活かした文明も発達させました。この文明は、さまざまなすばらしい技術を開発し、優れたモノを実現しています。その力が、歴史を切り拓いていくのです。」つぎに、ネガティブな面──けれども、「商業主義は自立した生き物のように加速度をつけて進み」、いまや人びとを襲う「いのちを食べるマシーン」と化しています。

さて、これまでおもに見てきたのは、市場経済（資本主義）のネガティブな面でした。では、このネガティブな面に私たちはどのように対抗すべきでしょうか？

ムヒカの提案の一つは、「政治の力」です。

現在「世界中で毎分二〇〇万ドル［約二億円強］の軍事予算が使われています」。そのことは逆説的ですが「世界中のすべての人が生きていけるだけのリソース［財源］がある」という証拠でもあります。「歴史上、今ほど生産性が高まったことはない」し、地球規模の「課題を解決する力をもったことはありません」。（これがポジ）。それなのに「現実は」というと、富の「恩恵にあずかる人はほんのわずかで、残りのほとんどの人はフラストレーションを抱えて」生きているのです。つまり世界には富のひどい不均衡とさまざまな形の格差が広がっています（これがネガ）。むろん日本も例外ではありません。かつては「総中流社会」（もちろんこれ自体少々怪しいけれど、他の時代、他の社会と比べての話）と呼ばれましたが、それにしてもどこでどう変わってしまったのか！

「毎分二〇〇万ドル」という数字を最新のもの（二〇一七年五月現在）に取り替えておきます。ストックホルム国際平和研究所の報告によれば、二〇一六年の世界の軍事支出総額は一兆六八六〇億ドル（約一八五兆円）です。したがって、およそ毎分三二〇万ドル、三・五億円ということになります。

貧富の格差について——世界でもっとも豊かな八〇人の富（一・九兆ドル）が貧しい三五億人（およそ地球人口の半分）の富とほぼ等しい、という話は知られています。これは英国のＮＧＯ「オックスファム」が二〇一五年に発表したレポートですが、同じオックスファムの二〇一七年最新レポートによれば、もっとも豊かな八人の富が貧しい半分三六億人の富に匹敵します。この大幅な数値の変更は、この間一部地域の貧しい人びとのより正確なデータが明らかになったことによるそうです。

いったい何が足りないのか？　ムヒカによれば、大金持ち（大資本）のポケット（内部留保）に手を突っ込んで「分配の仕方」を変える政治の力（「政治的意思」）が足りないのです。とはいえ、あきらめるには及びません。文明の歴史は多くの犠牲の上に政治的意思を結集するための橋頭堡をつくりだしているからです。それが「共和国」あるいは「民主主義」なのです。

ムヒカのもう一つの提案は、文化の見直しです。

市場の消費主義を乗り越えるためには、それと結びついている価値観と生活スタイルつまり文化を変えなければなりません。政治の力だけでは十分でないのです。この地平への洞察こそ、ムヒカをユニークな政治家、人びとの魂にふれる指導者にしているのだ、と私は思います。

では、どんな？　これについてはすでにムヒカの言葉を拾ってきました。以下、確認をかねて――まず「生きている」ということにもっともかけがえのない価値があることを自覚し、人生という限られた時間を大事にすること。「生きる」時間とは、お金を稼ぐ時間ではなく、個人の自由時間、ともに生きる人びとと共有する時間です。しかし、市場社会は利潤拡大のためにその時間を奪います。また買い物に心が奪われると、結局買うためのお金を稼ぐことに時間が費やされることになります。

豊かさとは、モノをいっぱい持つことではなく、生きる時間をいっぱい持つことです。そういう時間こそ幸福の源だといえます。労働時間の減少と自由時間の拡大は、豊かさ、幸福の観念を市場から人間へととりもどす前提です。それが経済の成長を人間の幸福のためにとり戻すテコとなります。

生き方を考える

生き方を考えることは、それじたい文化の見直しの一部です。私たちはいや応なく市場（資本主義）に適応して生活しています。しかし、それに屈服して生きるほか道がないのでしょうか？　すでに紹介したように、ムヒカの考えは、私たちには頭と心があるので、みずからの人生を「方向づけ」、「人生を大義のために使うという選択」ができる、というものでした。

「文明には美しい大義があります。これは、すべての人生に美しい意味を与えるということです。いい換えれば、人類という種の全体がよりよく生きることが大義であるはずです。」だから、文化や文明を、さらには社会をよりよく、より美しくしていくことが個人の人生を大義につなげる道にもなるのです。

ムヒカはそのことを道徳的に強制しているわけではありません。かれはある意味でとても頑固な「個人主義者」です。かれは拘束を嫌ってネクタイを締めません。大統領就任式にも、またベルギー王室に招かれた時にも、ネクタイを断固拒否したそうです。普通の人なら、周りを慮《おもんぱか》ってそこまで意地を通すことはないはず。またかれの大切にする自由時間は、個人が自分のやりたいことをするための時間ですから、そこにも強制はありません。ムヒカはいつも「自由意志による自由な選択」にこだわっています。

にもかかわらず、かれはいわゆる個人主義者ではありません。なぜなら、個人をあくまで人類という種の一部ととらえ、しかもその生き方に大義という概念まで持ちだしているからです。ほかにも、こんなことを言っています。「人間というのは生物学的に見れば、社会主義的な動物です。というのは、人間が誕生してから現代までの時間の九〇パーセントは先史時代ですが、その時代には〝私のもの〟や〝あなたのもの〟という概念はなかった、〝私たちみんなのもの〟しかなかった」からです。ここにあるのは人間を本質的に共同的存在と見る人間観です。このような人間観が、自由な選択と大義につながる道との大局的一致を裏うちしていると考えられます。

それなら、なぜ、いま　人類的危機に直面しているのか？　答えは人間が「残りの一〇パーセントの歴史の出来事によって、市場的、資本主義的な人間に変わって来た」ことにあります。そこに人間の自己矛盾、本質からの疎外、「何か繋がらないまま、何か足りないままさまよっている」（引用は、ベネズエラ放送局二〇一二年から）原因があるというわけです。

こうして「現代のフェーズ」は、「エゴイズム」と「連帯、協力の感情」の衝突、市場の力とそれに翻弄される人生、技術の進歩と儲け本位の利用、極端な貧富の差、民族や国家間の紛争そして階級支配といった危機のなかにあるのです。その危機を解決に導くための不可欠な力が政治です。が、その政治じたい市場の力（お金）の手先にもなっているのです。そこに危機の深刻さがあります。

前世紀の半ば、青年ムヒカが選んだ道は、政治でした。かれはキューバ革命（一九五九年）の影響のもとで都市ゲリラ組織「トゥパマロス」に参加（二〇代後半）、一九七二年軍部の政治介入により逮捕され（四度目）、その後一三年間過酷な獄中生活を送ります（うち、一〇年近くは独房）。一九八五年、一二年間続いた軍事政権の退場によりようやく自由の身になります。その時、すでに四九歳。しかし、ムヒカは「新しい時代に合った方法でかつての理想を実現しよう」と、すぐに仲間たちとともに民主主義的なたたかいを開始します。一九八九年「人民参加連合」を立ち上げ、中道左派連合「拡大戦線」（一九七一年〜）に加入、一九九四年下院に初当選、二〇〇五年拡大戦線は、新自由主義的な政策をかかげるコロラド党（伝統的な二大政党の一つ）からついに政権を奪取します。ムヒカは農牧水産相になり、そして二〇一〇年には拡大戦線の第二代大統領に就任したのでした。

次の言葉は、そういうムヒカの波乱の人生経歴（体験）から生れたものです

「人生でもっとも重要なことは、〝勝利する〟ことではなく〝歩く〟こと、〝歩き続ける〟こ

と」だ。「人生の最終地点に、ゴールを示すアーチがあって、頑張ってそこに到達する」ことではなく、「自分自身が意思をもって生き、転んだらくり返し立ち上がること」だ。

『プア充』を考える

先にあげた『プア充』の著者（島田裕巳）は、「これまでと違う新しい生き方」として「そここそ働き、企業に縛られず、自分の生活を生き生きさせていく〝プア充〟という生き方」を提案しています。その眼目は「貧しいからこそ楽しく豊かに生きられる」というものです（けっして「貧しくても楽しく豊かに生きられる」という関係ではないといいます）。でも、これだけでは抽象的すぎるので、もう少し引用します。

・「現代は、年収三〇〇万円しか稼がないことで、むしろ楽しく幸せに生きていける」。
・「仕事にやりがいや生きがいを求める必要はない。生活のためのお金を稼ぐ手段と割り切って働」く。
・「会社の成長使命に、個人が振り回されてはならない」。「必要なお金を稼ぐための時間以外に自由な時間を確保し、自分らしい生活を送ることが大事」。

・「日本社会は世界一安全で安心な社会。社会の恩恵をうまく利用すれば、ほとんどお金を使わなくても生きていくことができる」。

・「欲を持ちすぎず、現在の状態に満足する。お金をかけずに自前で楽しむ姿勢が大事」。

・「人間関係の中で生きれば、お金はあまり必要ない。自分のお金を稼ぐことに夢中になると、人間関係を築く時間がなくなり、その先にあるのは孤独である」。

「『人に迷惑をかけるな』というのは、豊かになって人が孤立し始めた現代の妄想。お互いに迷惑をかけ合ってこそ、人間関係が育まれる」。

あとは実践的アドバイスがおもなので、このへんで切り上げることにします。さて、いちいち確認こそしませんが、ムヒカとの類似は明らかだと思います。しかし、大きな違いもあります。それはどこに？

プア充といっても、一つではなく、隠遁（孤立）型もあると思います。でも、島田の提案するプア充は、それとは違い人間関係のなかにあります。「情けは人の為ならず」という格言に見られるような人間関係です。そしてそれは「恩や貸し借り」を媒介にした人間関係に収束していきます。「日本の社会の根底にあるのは、恩や貸し借りを媒介にした、目に見えないネットワークなんだ。それさえ大切にできれば、お金などたいしてなくとも、一生幸せに暮らすことができる」。「周りにたくさん迷惑をかけ、たくさん借りを作って生きろ。そしていつか下の世代の人たちを助け、支え、若いときの借りを返していくんだ」。

私はこれらの主張を一概に否定するつもりはありません。が、それでもこういう心配を感じます。恩や貸し借りには義理が伴いはしないか、その義理がいつか個人の自由を拘束しないか、と。

また、こうも考えます。まず異色の長編漫画『ナニワ金融道』の著者、青木雄二に代弁してもらうことにします。

「庶民が一億円の現金を貯めようとすれば、ほとんど毎日ひどい貧乏生活を強いられる」。「貧乏したくないから金持ちになりたいのに、その目的のために一番したくない貧乏をしなければならない」。「この矛盾のために、庶民は株やら商品先物やらに手を出してしまう。より追いつめられれば、犯罪にすら手を染めてしまう。なぜ自分の労働で得た賃金だけで満足できないのか、それは今の現実が不満だからだ。社会が不完全と感じられ理不尽と感じられるところには、きっと［社会的］矛盾がある。」（「矛と盾」はじめに）

島田型プア充は、こういう社会の矛盾に目を背けることにならないでしょうか。そもそもプア充は、一方では市場（資本）の力に身を委ねない（具体的には会社のために頑張らない、ムダな消費はしないなど）、他方では豊かな社会の恩恵にはあずかる、そういう狭い立地に成立する生き方です。でも、これからも「日本社会は世界一安全で安心な社会」でいられるでしょうか。共謀罪が成立し、憲法が改悪され、ファシズム体制へと社会が大きく転換してしまったら、プア充ははたして存立できるでしょうか。「ごくつぶし」や「非国民」呼ばわりされないでしょうか。

つまりプア充には、政治へと開かれた視野が欠落しているのです。たとえ、リア充を目ざさないとしても、「小欲」に止まるとしても、社会の幸福のための政治という大義へつながる道に目を閉ざしてはならないはずです。なぜなら、安全安心でそれなりに豊かな社会にプア充という生き方の存立もかかっているからです。そしてこのことは、改めて国民にとって政治とは、民主主義とは？　と問うことでもあります。

ムヒカはいいます――「政治を放棄するとは、少数の者がそれを制御するということを意味します。」「民主主義は完全ではあり得ません。なぜなら、人間の誤りや限界を内包せざるを得ないからです。しかし、人間は民主主義を改善するために、戦い続けています。私たちは、私たちの社会をよくするために戦わなければなりません。それこそが人生の、生の大義なのです。」

ムヒカは外語大講演の最後をこう結んでいます――「今までずっと講演を聴いてくれたみなさん、ご清聴ありがとうございます。別に同感してほしいとか、気持ちを押し付けようとか、そんな意図で話したわけではありません。でも、寝るときに私が話したことを思い出して考えてみてください。」

いかにもムヒカらしい終結です。すべては個人の自由だとしても、かれの話しはなんども転びながら生きざるを得ない私たちにとって、大きな示唆（視野打開）と励ましをもたらすものではないでしょうか。

参考文献

ホセ・ムヒカ：YouTube 世界一貧しい大統領の言葉　2016 APR

同：YouTube ［東京外国語大学］ 2016.4.7 ムヒカ前ウルグアイ大統領講演会

同：YouTube 日本人の心に響く、ムヒカ大統領の庭先スピーチ

社会を見る眼を養う

木村　孝

三つの角度……生産、歴史、階級

いま、日本の政治は、かつてない新しい激動の時代をむかえています。時代をきりひらいた力のひとつは、市民運動の発展です。ここ数年、生活苦、過酷な労働などで人間としての生存や尊厳、名誉をうばわれかねない人がひろく存在し、そこから、国民一人ひとりが主権者としてたちあがる自発的・自主的な新しい市民がうまれ、市民運動が発展しているのです。市民運動の発展に促されて、国会内外で野党共闘がつくられ、参議院選挙、新潟知事選などで成果を上げてきました。二〇一七年一〇月の総選挙では、選挙直前に民進党が希望の党へ合流するという重大な逆流がうまれましたが、立憲民主党、日本共産党、社民党の三野党と市民連合は、連けい、協力して選挙をたたかい、市民と野党の共闘勢力が全体として大きく議席をふやしました。

こういう動きをふまえながら、社会を見る眼を養うヒントを探れないだろうか、考えたいと思います。

ふだん、わたくしたちは自覚しないまでも、なんらかの社会を見る眼をもってくらし、はたらき、社会活動をしています。最近では安倍政権の暴走政治から将来の社会に不安を感じ、また核兵器の脅威など、ひしひしと身に迫るものがあります。地球規模の環境問題や世界的な貧富の格差の拡大が、なぜいつまでも解決できないのか。資本主義の耐用年数がつきてきたのではないか。こういうことも考えざるを得ません。こうして社会を見るたしかな眼、社会認識をどう育てるのかが切実になっています。

はじめに心にとめておきたいのは、自然現象と社会現象との違いについてです。水は上から下に流れ、雨が降れば川の水は増え、大雨が降れば洪水にもなります。このように自然現象は人間の意思とはかかわらない現象です。自然科学が自然を対象に研究するとき、対象は事実であって人間の意思などのかかわりは排除します。自然科学は「没価値性」を強調、科学に価値観をもちこんではならないとされます。こうして自然科学は価値と切りはなされ発展してきました。

社会現象はどうか。自然とちがって人間の意思の関わらない社会現象はありません。人間の意思は人間の数ほどありますから、それが織りなす社会現象は複雑で偶然性に富み躍動しています。水が下に流れるなどの法則を社会に求められるのか。どこに社会の法則が潜んでいるのか。

ここで、社会とはなにかの問題につき当たります。

社会とはヨーロッパのことば、ソサイエティー society の訳語です。翻訳には時間がかかり、明治一〇年ごろにやっと社会に定着しました。ヨーロッパで意味する社会が日本に存在していなかったからです。ヨーロッパでは個人が集っているからといってもそれが社会なのではありません。「他に対して、また全体に対して、社会の運営と構造、将来に対し責任をとりうる個人の集合」、これが社会です。社会は個人が前提であり、個人の意思にもとづいて社会のあり方をきめ、つくるものだということです。

ひるがえって、日本は社会が未発達で世間《せけん》がありました。世間はたがいに顔見知りの人間関係であり、個人が自覚的につくるのではありません。人びとはもともとある世間のなかで生きていますから、自分の行動について個人として基準や意見をもちにくい。世間のなかの人間関係を大事にするので自分の意見をもちにくいのです。これが一五〇年前の日本社会であり、現在の日本人一般のなかにものこるひとつの傾向です。こうした複雑な社会を見るうえで、もっとも基本的なところから考えてみます。

社会を見る第一の角度は、社会の土台に人間の経済生活があるということです。生活を維持し、発展させるための経済活動のなかで、人びとは人間関係（生産関係）を結びます。この生産関係が社会の動き、流れをきめる土台であり、根源的な力です。生産関係が社会と歴史の土台になるという考え方が第一の角度です。

第二の角度は、生産のなかで結ばれる人間関係・生産関係は、社会の大きな時代区分をつくりだすということです。

ここ何十年、多くの家庭では毎週日曜日の夜になると、ＮＨＫテレビの大河ドラマを視聴しています。これをみると日本人はよほど歴史好きな国民のようです。ドラマのなかの時代は、奈良、平安、鎌倉、室町、安土、桃山、江戸時代へと続きますが、平安とか鎌倉とかの時代名は政治の中心があった場所を示し、くわえてドラマの主人公は政治をになった偉人や豪族が多く、その時代の社会のほんとうの姿はわかりにくい。たとえば奈良時代と江戸時代のちがいは何か、社会を支えていた人びとはどんな暮らしだったか等々、物語はドラマチックですが、あまり印象にのこりません。

生産のなかで結ばれた人間関係・生産関係が社会の土台を形成することをふまえ、その角度から人びとのくらし、社会のなりたち、歴史的な発展がわかるようになれば、大河ドラマはもっと切実なもの、身近なものになると思います。

これまでの人間社会は、原始共産制、奴隷制、封建制、資本主義のように発展してきました。

原始共産制とはまだ人間が階級を知らず小さな集団をつくって暮らしていた時代です。どの民族も最初はこういう段階をふんでいます。つぎの奴隷制は少数の奴隷所有階級と奴隷という、支配する階級と支配される階級とがはじめて登場します。封建制は奴隷と違って、土地を持たない農民・農奴が、土地を所有する領主の支配のもとで、土地を耕し、生産物のかなりの部分を年貢として領主に取られました。資本主義になると、生産手段をもっていない働き手・労働者は、自分の労働力を資本家に売って、その賃金で暮らしを立てています。銀行員、机の上で設計する設計士等など、賃金で生活している人はすべて労働者です。

このように政治の中心があった地名ではなく、生産関係から社会を見ると、その社会の様子ばかりではなく政治、社会のしくみ、人びとの考え方まで、生産関係の変化に即したものであることが分かります。

日本の歴史学では、縄文時代の終わりごろか、弥生時代のはじめころまで原始共産制が続き、そのあと、奴隷制は平安時代まで続きます。封建制の時代は、鎌倉時代からはじまり江戸時代にはいって確立し明治維新まで。資本主義は明治時代から始まり今日にいたる、これが大きな時代区分といわれています。資本主義はおよそ一五〇年続いていることになります。

社会を見る第三の角度は階級です。階級とは、生産のしくみのなかで占める位置や地位によって分けられる人間集団のことです。生産手段をもたず、自分の労働力を資本家に売った賃金でくらしている人びとの人間集団は労働者階級です。資本主義社会では、資本家階級と労働者階級の二つが基本的な階級です。自分の土地を耕す農民や自営業を営む人たちなど、さまざまな部類の人たちがいますが、資本主義社会の問題を考えるときは、資本家階級と労働者階級という基本的な階級関係のなかで見ることが大事です。

現在の日本の階級構成をみると、二〇一〇年度の労働力人口は六二四〇万人で、資本家階級は一五三万人、労働者階級は五一二〇万人、自営業者は八〇三万人です。比率は、資本家階級が二・五％、労働者階級八二・一％、自営業者一二・九％です。参考までにあげれば、二〇一四年度の全企業数約二七五万のうち、資本金一〇億円以上の大企業は五一三二社、わずか〇・一九％です。

こうしてみると、資本家階級と労働者階級が基本的な階級ですが、わずか五一三二の大企業と五一二〇万人の労働者階級という構図が浮かび上がってきます。新聞やテレビをみていると、国民のくらしをだいじにすることより、政権の代表者が大企業・財界奉仕の政治を行っていることは明らかです。安倍首相には、「財界に奉仕して何がわるいか」の発言があるくらいですから、政治と支配階級との関係を分析、解明するだけでなく、大企業・財界奉仕の政策を、どううち破っていくかが、現代の新しい課題となっています。

国連に響いた国民の声

二〇一七年は、国連の核兵器禁止条約の会議でどんな進展がうまれたか、国内政治で市民運動と野党共闘の発展という、このふたつによって記念すべき年になったと思います。

二〇一七年の三月二七日から三一日までの五日間、ニューヨークの国連本部で核兵器禁止条約のための「第一会期」が行われました。この一部始終は、「しんぶん赤旗」の報道と志位和夫氏の報告（「しんぶん赤旗」四月九日）で知ることができます。

会議には世界から約一一五ヵ国が参加、日本からは日本被団協（日本原水爆被害者団体協議会）、日本原水協（原水爆禁止日本協議会）のほか、日本共産党などが参加しました。

日本被団協の藤森俊市さんは、「ふたたび被爆者をつくらない 核兵器を禁止し廃絶する法的拘束力ある条約を」と訴え、日本共産党代表団は要請文と「どのようにして、核兵器のない世界を実現するか」（文書発言）を提出、志位和夫氏が演説するとともに、会議主催者、各国政府・NGOなどとの個別の懇談、要請活動を行い、会議の成功にむけて一つの大きな貢献になった様子がわかります。会議初日の被団協の藤森俊希さんの証言と、会議二日目、広島で被爆したカナダ在住のサーロー節子さんの証言は、会議の参加者に多大の感銘を与え、会場から割れんばかりの大きな拍手がわきおこったと報道されました。

（日本政府は、「現実の安全保障の観点をふまえずに核軍縮を進めることはできない」「核保有国が出席していない」の理由で会議を欠席しました）

三月三一日、エレン・ホワイト議長は閉会あいさつのなかで、「議論は核兵器の全面的廃絶につながる、法的拘束力ある文書のすべての側面を扱いました」「（第二会期の）七月七日には条約を採択する」と語り、会議は予想をこえるスピード感で条約の採択にむけて努力したと大成功をよろこびました。日本政府不在のもとで、被爆国・日本国民の声が国連に届き、出席者に人間的な共感をよんで、まことに感動的であったようです。世界の本流と逆流があきらかになり、逆流や複雑さを含みながら平和と核兵器全面廃絶への歩みが前進していることがよくわかります。

また、この「国連会議」ではメキシコ、オーストリア、コスタリカ、アイルランド、ブラジルなどが主導的な役割を発揮しました。今の世界で大切なのは、国の大小、経済力の大小、軍事力の大小ではない、世界のすべての国ぐにが対等、平等の資格で国際政治の主人公になる新しい時代がひらかれつつあることも、しっかり見ておく必要があるでしょう。

平和と核兵器全面廃止のあゆみにちなんで、わたしは井伏鱒二《いぶせますじ》（一八九八～一九九三年）「黒い雨」を読んでみました。戦後七二年たっても、日本人が決して忘れてならないことの一つは、広島と長崎に原爆が投下されたことです。人間を破壊する核兵器が最初に日本に落とされたことを戦後、日本人はずっと忘れずに考えてきました。しかし、核兵器を保有し廃絶できない人たちは核兵器の恐ろしさを忘れさせようとしてきました。

文学作品は、社会科学者、政治学者が問題をとりあげる前に、いち早く国民の悲しみや苦しみを受け止め、問題を人びとに投げかけるものですが、井伏鱒二さんの作品はそうした名作です。

原爆が落とされたそのとき、数十万の人びとが広島に住んでいました。赤ちゃんやその母親から老人、小学生、中学生、高校生、娘さんや若者たち、農民、労働者から、公演で広島にきていた丸山貞夫さんという著名な新劇の俳優まで……数十万人のひとがいました。それが一発の原子爆弾によって蒸発するかのように、一瞬で亡くなりました。ある人は永く苦しんで亡くなり、現在も苦しんでおられる――核兵器は人類の未来にどういう影響をあたえるか。

井伏さんは言います。「この作品は小説ではなくドキュメントである。（主人公の）閑間《しずま》重松の被爆日記、閑間夫人の戦争中の食糧雑記、並びに岩竹博医師の被爆日記、岩竹夫人の看護日記、複数被爆者の体験談、家屋疎開勤労奉仕数人の体験談、及び各人の解説によって書いた。熊手をもって掻き集めるやうにして書いた。空前の出来事であり二度と繰返してはならない……」

「黒い雨」は、だれが原爆をつくり、いかなる戦略のもとで原爆を投下したか、そういう政治の話しではありません。井伏さんは自身の見聞きしたことだけを書き、読者はたくさんの事実を通して、作家が伝えたかったことをこのうえなくしっかり受け止め、深い感動を持つでしょう。名作と言われるゆえんです。アメリカの戦略はこうであったなどの、一般的に大局から言われうることを、個々のことがらや個々の場面にあてはめることはしない。あの空前の惨事の中で、亡くなった人はどんな思いだったか、さいごまで生きようとした人たちの思いはどうだったか、見守る人たちの思いはどうだったか。

事実をして真実を語らせよ！

井伏さんは言います。「大局的に云って、私は狭い範囲内で聞き書きしたにすぎないのだ」。

事実をしっかり見、見聞したことをふまえ、そのなかの自己または社会の切実な問題と課題をつかむ。わたしたちの社会を見る眼＝社会認識の出発点がここにあり、これこそ社会認識の核であることを「黒い雨」によって知ることができます。

六〇年安保闘争について

現在の新しい政治の動きの特徴を見るために、いまから五七年まえの六〇年安保闘争をふりかえりたいと思います。

六〇年安保闘争とは、当時の民主勢力がたたかった歴史的な大闘争のことです。

一九五九年三月、安保改定阻止国民会議という組織が確立し、国民会議を中心に一年半以上にわたって労働者階級はじめ広はんな国民が参加したたかいでした。二三回の統一行動を持続的に展開し、三回の政治ストライキ、集会、デモ、署名、国会請願その他さまざまなかたちで、戦闘的にたたかいました。労働者はもちろん青年・学生、女性も、学者も、演劇人も、市民も……。農民の人たちは地方から上京、ムシロ旗をかかげて国会周辺のデモにくわわりました。

国民会議には、民主勢力を代表する百数十の民主諸団体に組織された数百万人が参加し、地域共闘組織は全国二〇〇〇におよびました。安保条約改定は阻止できませんでしたが、岸内閣を打倒し、同内閣を支援しようとしたアイゼンハワー米大統領の来日を中止させ、安保条約・日米軍事同盟の発動を遅らせ、改憲を挫折させるなど、その後の国民のたたかいに大きな影響をあたえました。

当時、学生運動の活動家の一人だったわたくしは、学内でデモへの参加をよびかけ、学習会などを訴えて活動しましたけれど、全学約六〇〇〇人の学生のうち二〇～三〇人程度の学生が関心を示したにすぎませんでした。

ところが、一九六〇年五月一九日の深夜、岸首相が五〇〇人の警官隊を衆院に導入、安保条約改定の強行をはかったのです。情勢は一変しました。翌二〇日、学内は騒然とした空気につつまれ、学生と教授陣が一体となって緊急学内集会をひらきました。講堂はあふれました。ある国際政治の先生は壇上で「この日を待っていた」と言い、著名な白髪の歴史学の先生やジャーナリズムで活躍している政治学の先生は「言論の場に警官隊を入れるとは何事か」と怒りました。国会へ抗議のデモをしようと決議。ふだんは二〇～三〇人の一列六人の三～五列でおわる小さなデモ隊が、二五〇〇人という巨大デモになりました。デモは交通信号を青に変えさせて、国会に向かいました。国会周辺は、労働者、学生、市民などの爆発的なデモでうめつくされていました。赤、緑、青の色とりどりの労働組合の旗、政党の旗、民青の旗、全学連や大学自治会、学生社会科学研究会、歴史研究会、教育研究会などのサークル旗、文化団体手製のプラカードなどなどの波であふれかえっていました。

わたしたち学生活動家は、「むくわれた！」「安保反対の訴えは間違っていなかった」と、確信をもち感動したものでした。

　五月一九日を境にした爆発的な盛りあがりのなかで、忘れられないことがもちあがりました。五月二四日の学者・文化人の集会で、政治学者の丸山真男氏が五月一九日の夜を境に「すべては一変したということから、私達の考え方と行動を出発させるべき」と発言したのです。六月二日、評論家の竹内好氏が「たたかいは民主主義か独裁かの単純、明瞭な対決になった」「安保反対より岸内閣の反民主主義の暴挙に反対することが急務だ、独裁の危機を排除して民主主義を再建し、それから安保の問題にあたろう」という発言がありました。巨大な運動のひろがりや広はんな市民の参加を目の当たりした、機敏な知識人の反応のひとつだったと思われます。

　学内では、「五月一九日の暴挙は安保改定の強行採決が原因で、それを見失ってはだめだ」ということになり、デモのシュプレヒコールは「安保反対！　岸を倒せ！」に自然におさまったのでした。ここから、学生にはいろいろな意見や考え方があるが、集団の判断には集団の知恵がはたらいて、運動の方向は的を外さないのだと、その確かさに学びました。

　六〇年安保闘争でもう一つ学んだことがあります。デモに加わった大部分の学生、ほとんどの学生は、活動家とちがって安保条約には関心があまりなかったということです。これは、安保のあとの世論調査によって知ったことですが、なるほどと思いながらもこれが現実であると確認しました。学生は平和の問題で立ちあがったのではなく、国会ルールを踏みにじり、民主主義を無視した暴挙にたいする危機感が原因だったということでした。さきの学者、知識人の発言、主張は、あのときの戦術として的確だったかはのこる問題ですが、もっともな内容があったことも確かです。

安保闘争のさいごの段階では、国会の周辺を三〇万人がとりまくたかまりがありましたが、六月二三日に安保条約が自然成立しました。学生運動の活動家は東京・一ツ橋の旧教育会館に集まり、夏休みに帰省運動をしようと方針を討議しました。しかし、安保闘争によっても農村地域はじめ、居住地や会社内は変わることなくその年の年末におこなわれた総選挙で、自民党は議席三〇〇を獲得したのでした。

市民の登場と市民運動の発展

いま始まっている新しい政治と五七年まえの安保闘争との一番大きな違いは、市民運動の発展が野党の接着剤となって野党共闘が生まれ、それが社会の本流となって安倍自公政権という逆流と対決していることです。

二〇一四年一一月、ＨＨＫの「戦後七〇年に関する意識調査」によると、「戦後」ということばにどんなイメージをもつかについては、「平和」が第一位でした。「戦後七〇年、日本人はどんな社会を築いてきたか」では、「戦争のない平和な社会」(八七%)、「ゆたかな社会」(五一%)などでした。平和な社会がダントツなのは、感動的です。

平和を守ろうとする人びとの意思とねばり強い活動が、世論調査に現れているからです。

こうした背景をもった新しい政治への動きですが、ここにはふたつの条件、共同がありました。ひとつは、二〇一四年一二月一五日、「総がかり行動実行委員会」という共闘組織、なかなかできなかった運動団体の画期的な共同が実現したことです。この共闘組織には、「解釈で憲法九条を壊すな　実行委員会」、「戦争させない一〇〇〇人委員会」、「憲法共同センター」の三つの運動組織がもとになりました。

戦後、労働運動と平和運動をになってきた二つの潮流が、過去の行きがかりをのりこえて、ついに見つけた共闘組織が「総がかり行動実行委員会」です。翌二〇一五年五月、横浜で戦争法案反対の三万人の大集会を開き、民主、共産、社民、生活の各党代表が参加しました。五月一二日には東京・日比谷の野外音楽堂で継続した運動が続きます。七月、戦争法案の衆院での強行採決に際しては四日間で二一万人が国会を包囲し、八月三〇日、国会を包囲した一二万人の戦争法案反対の声が、国会内に響くという国会の歴史に新しい経験をつけ加えました。

この日、全国では一〇〇〇ヵ所、一〇〇万人の統一行動が、総がかり行動実行委員会主催で行われました。

もう一つの共同は、平和の願いと立憲主義を守れという、国民的共同の誕生です。安保条約に反対するひと、安保は必要と思うが自衛隊を海外に出して戦争することには反対だというひと、違憲が明白な法案を一国会できめるのは立憲主義の蹂躙《じゅうりん》だというひとなど、さまざまな人たちが一致して行動しています。地域の人たち、保守層、若者・学生、学者、法曹界の人びと、女性・子ども守るママさんたち、また大勢のシニアたちが立ちあがって大きな力となっています。

そこで、野党共闘と市民運動の動きをまとめてみましょう。（62ページ表）

ここで言われる市民とは、〇〇市の住民だから市民だということではなく、政治がおかしいと思ったら声をあげ、行動する市民です。人間の尊厳が損なわれたと感じ立ち上がるひとが市民です。主権者として行動する個人です。労働者をはじめさまざまな階層のひとが市民です。

この一見するとあいまいな市民の多称性をよくみると、声をあげ行動する市民も、生活の場である私的領域の主人公としての市民、社会的領域の主人公としての市民、政治的権利をになう市民。この三領域がひとりの人間の内面に默《もだ》しがたく、成長しているのが市民なのです。

野党共闘と市民運動の歩み

	「一点共闘」のひろがり
2011.3.1	東日本大震災
2012.3	「原発ゼロ」めざす金曜日の官邸前の行動（首都圏反原発連合）
2013.3.29	原発ゼロ、官邸前抗議行動
7.21	共産党参議院で６→ 11 議席へ
10～12	秘密保護法案廃案のたたかいひろがる
	オール沖縄の勝利
2014.1	沖縄・名護市長選で稲嶺進氏圧勝
11	沖縄県知事選で翁長知事
12	総選挙で共産党８→ 21 議席へ、沖縄小選挙区１～４区でオール沖縄全勝
	戦争法案に対するたたかい
2014. 12.15	「総がかり実行委員会」結成
2015. 4.12	共産党すべての県で県会議員確保
6～7	「SEALD's　自由と民主主義のための学生緊急行動」「安全保障関連法案に反対する学者の会」「安保関連法案に反対するママの会」など市民団体の発足
	国民連合政府の提唱、共闘の発展
2015.9.19	安保関連法案の成立、共産党「戦争法廃止の国民連合政府」発表
12.20	「安保法制の廃止と立憲主義の回復求める市民連合」（略称＝市民連合）結成
2016.2.19	五野党党首会談「安保法制廃止を共通目標に国政選挙でできる限りの協力」の確認
5.13	民、共、社民、生活の四野党で安倍内閣不信任案を共同提出参院選で 32 の一人区のすべてで野党統一候補
6.7	四野党と市民連合、政策要望書に調印
	本気の共闘
2016.7	参院選の 32 の一人区で野党統一候補、11 の区で当選、共産 11 から 14 へ
9.23	野党党首会談「総選挙でもできるかぎりの協力」確認
10.16	新潟知事選挙で米山隆一氏当選
11.9	四野党書記局長、幹事長会談「総選挙にむけた共通政策、相互協力、相互推薦、政権問題などをふくめ協議していくことを確認
11.17	「市民連合」と四野党の意見交換

市民の存在は中世ヨーロッパから古代ギリシャ・ローマ時代にまでさかのぼることができますが、一七八九年のフランス革命以降の市民についてみてみます。フランスの革命以降の市民はシトワイヤンとブルジョワという言葉が市民を表しています。経済的にも政治的にも市民上層に位置しているのが、ブルジョワです。ドイツでは、中下層の市民はビュルガー、上層市民はビルドゥングスビュルガー（教養市民層）です。白人であること、宗教はプロテスタント、富裕層であるだけでなく市参事などの高位の官僚、聖職者、教授、芸術家など、文化的にも精神的にも中下層市民に対し指導的な立場にある市民が教養市民層です。人口比は市人口の〇・六%と言われます。ドイツのノーベル賞作家トーマス・マン（一八七五〜一九五五）の作品「トニオ・クレエゲル」は、商業都市リューベックの教養市民層の子弟を描く青春小説として有名です。イタリアでは中下層の市民はチッタディーニ、上層市民はボルケーゼといい、両者の間にかなり明瞭な身分的な差別があるようです。私事で恐縮ですが、数年前の冬、北イタリアのある中都市でコンサートに行ったところ、いわゆるボルケーゼの人たちが大勢いました。そして、わたしは、「なんでアジア人がこういうコンサートにくるの」といわんばかりの、婦人たちの白い目でジロジロ見られた苦い経験があります。

日本の場合は市民の中にそういう身分的な階級差別はないので、市民運動をすすめるうえで、要求や願いに基づいて団結できる大きい条件があるといえるかもしれません。

現在の市民運動のリーダーのひとり、中野晃一さん（上智大）は、二〇一六年一〇月の全国革新懇（平和・民主・革新の日本をめざす全国の会）のシンポジウムで、「この間の市民運動は、わたしは主権者運動と思っているんですが、立憲主義や民主主義をないがしろにして……政治家たちが暴走しだしたときに、主権者が出てきてそんなことをやっちゃいかんということを言ってきたと思うんです。主権者というのは実に多種多様な個人からなりたっていますから、それを代表するような形の運動ができているということは、非常に素晴らしいことではないかと思います」と発言しています。

同じシンポジウムで、西郷南海子さん（安保関連法に反対するママの会）の発言を見てみましょう。

「ママたちは今、本当に危機感を持っていて、誰の子どもも殺させないっていうのは、安保のことだけじゃなくって、原発、TPP、沖縄の基地問題だってそうだし、全部つながってる、そういうふうに思います」「私ぐらいの世代、もっと下の人たちはずっと自己責任、自己責任、大学入れるかどうかも自己責任、いい仕事に就けるかどうかも自己責任、会社で業績出せるかどうかも自己責任、結婚できるかどうかも自己責任、ずっと、本当にそればっかり言われてきたので何があっても自分のせいなんだとしか思えないんですよね」「（沖縄本島や宮古島で頑張っているママたちに触れて）そこにある命っていうのを、しっかり見据えて、そこの声をもう一回響かせていくような、そういう政治であったり、市民運動をやっていきたいなと、私は思っています」。

西郷さんの発言は、「戦争ができる国」にむかう政権の暴走全体を、一人の若いママとして「だれの子どもも殺させたくない」という、さきにのべたことでいえば私的領域で子どもたちの生命に不安を感じ、政治的権利の主権者＝市民として政治的意思を仲間とともにかため、行動にたちあがったものといえるでしょう。自民党が議会で多数だとしても、あからさまな九条改憲、戦争法策定などの無法な行動にふみだせば、このような市民が生まれ、日本社会の質を変える市民運動と野党共闘というたたかいが発展することになります。個人の願いが大きな流れとなり、社会を動かしていく。この発展こそ法則的なもので、社会科学の対象になるものであります。

自己責任論の無責任

生活とはなにか。ある思想家は、「一人ひとりの人間にとっての一個の小宇宙を意味している。人間の尊厳も栄光も、創造性も未来もすべて生活のなかにはらまれ、はぐくまれる」と述べています。ここから、人間は義務を伴うことなく尊重され、生命は幸福であることを求める存在だとも主張できるでしょう。その幸福は人から与えられるものではなく、自ら勝ち取るべきもの（憲法一三条）、これが憲法を支える根本精神だと思います。

さきの西郷さんの発言は、自己責任論告発としても貴重です。いま、「自己責任論」が人間を委縮させ、人びとのたたかう気持ちを後退させ、それだけでなく、人びとの間に対立と敵対をうみだすイデオロギーとして、社会を席捲しているごとくなので、それをどう克服していくかはとても重要です。

「若いときにもっと勉強しておけばよかった」「頭が悪いから仕方ない」「貧乏だったから学校に行けなかった」、こんなふうに自己責任論におちいる人、正規の就職ができなかったのは自分の責任だと思っている青年も少なくありません。

しかし、自己責任論はたいへん無責任な議論です。青年に非正規の仕事しかなかったり、熟年の労働者が首切りにあったり、女性がパートでレジの仕事を長年やらされたり、これらは景気変動や労働政策の変更、経済の株主資本主義化等々が主な原因で、個人の責任ではありません。産業（企業）や政治、資本主義体制など社会の側に問題があるのに、個人の責任にすりかえるのは、不当です。仕事と賃金を保障し、低賃金や生活困難を解決するのは、社会的領域の問題であり、企業や国家の社会的責任で解決すべきものです。個人の責任にすり替えることは許されないことです。

自己責任論は人間を委縮させるばかりでなく、人びとのなかに分断、分裂をもたらすのできわめて有害と指摘するのは『自己責任論をのりこえる』（吉崎祥司著、学習の友社）で、重要です。

吉崎さんは、自己責任論をするどく分析しています。

「競争の勝者と敗者、正規雇用労働者と非正規雇用労働者、能力ある者と能力に恵まれない者、努力や意欲のある者とそれに欠ける者、社会に貢献する有用な者とそうでない者……高齢者と若者世代、などの間を、二重三重に大きく引き裂き、分断してきました」「この分断は……一部、敵対的な関係まで成長しつつあります」「一生けん命働いているのに、生活保護基準以下の生活はいっこうに楽にならず……（生活保護の）受給者は楽をしているように思われる」「（自己責任論は）生活保護を、あたかも『弱者の特権』であるかのように描き出すことで、同様の境遇にある者として団結して、ことにあたるべき人たちの間に、深い溝を築くことに成功しつつ」あると。

自己責任論に対抗するのが社会権です。社会権とは基本的人権のうち、人間らしい生活を国家に保障させる権利のことです。

基本的人権は近代社会の中心的価値とみなされてきましたが、その制度と思想だけではすべての人の自由と平等が実現できないという事実にもとづいて、二〇世紀になって新しく成立した基本的人権が社会権です。国家の不介入を求める自由権とくらべ、国家の積極的な関与によって実現しようとするものです。具体的には社会保障や教育、労働権、労働基本権などがあります。現代の人権は、政治的自由や精神的な自由などの自由権と、社会保障などの社会権との結合によって、なりたっているのです。日本では社会権の確立についての合意が弱いので、今後は社会権についても関心をたかめて、自己責任論とたたかっていく必要があるでしょう。

新しい時代がやってくる

長く続いてきた自民党政治が、社会の土台での矛盾を激しくし、市民運動と野党の共闘を実現させ、その共闘にこそ大きな未来があるとおもわせること、これは大きな社会的な出来事であります。日本の政治は、将来の課題としてではなく、自民党政治を転換する「野党連合政権」が切実にもとめられているのです。

野党間で政権についての合意がないもとでの、安倍政権に代わる政権の一つの案として、野党連合政権が考えられています。政権問題で合意ができるとすれば、野党と市民の共闘が「本気の共闘」、自分政権に変わる選択肢として国民の眼に映り、決定的に重要になると思われます。

市民と国民のたたかいが発展し、互いに相手を尊重、リスペクト（尊敬）の精神で力をあわせるなら、大きな可能性を現実のものにすることができるでしょう。

そこでいま、日本社会が客観的に必要とされている変革は、民主主義的なものだということです。アメリカの戦争に自衛隊が参戦する戦争法の廃止は、民主主義的な要求ですし、働けば食える社会をめざすということは資本主義の枠内で実現可能なこれも民主主義的性格のものです。

イギリスやフランスは、国民が封建勢力をうちやぶって市民社会をつくってきた経験をもっています。日本は、幕末に農民一揆が全国的に広がりましたが、国民の力で封建勢力をうちやぶるまでにはいたらず、封建社会の支配階級である武士の中の一勢力がおしすすめたものでした。

かれらが明治維新（一八六八年）をおしすすめ、以後、国家が急速に資本主義経済を形成しました。

そうした歴史をもっている日本だけに、国民の多数が、社会を変える経験をつみかさねつつ、自分たちの力を自覚し、自信をもち確信しながら、前進することが非常に大事になってきます。また、多くの人が、資本主義の下での生活は当たり前と思っていて、どうこれを変えていくか探しあぐねている日本では、この面から考えても、社会を前進させ社会問題を解決しながら、国民が納得しながら前進していくプロセスが、とりわけ大切になります。
日本社会の特徴をふかく認識しながら、国民の多数といっしょに一歩一歩前進していく、そのためにあなたの個性や能力が発揮されるように期待をしてペンをおきたいと思います。

参考文献
井伏鱒二「黒い雨」
吉崎祥司『「自己責任論」をのりこえる』（学習の友社、二〇一四年）
不破哲三『「資本論」刊行一五〇年に寄せて』（日本共産党出版局、二〇一七年）

人間が個人として尊重される社会を

――日本国憲法をどう活かすか

牧野広義

はじめに

私たちは、だれもが自由に自分の人生をつくりたいと思っています。しかし、現代の日本では生きるのが苦しいことが多く、それどころか、自分の人生が思いもよらない仕方で閉ざされてしまうことがあります。

二〇一五年一二月に、大手広告代理店である電通に勤務していた、二四歳の高橋まつりさんが過労自殺しました。彼女はその年の春に東京大学を卒業して、電通に勤務し、懸命に仕事をしていました。彼女のひと月の残業時間は一〇〇時間を超えていました。彼女が残したツイッターには、上司から「君の残業時間の二〇時間は会社にとって無駄」などと言われたことも書かれています（『学習の友』二〇一七年二月号、二五ページ参照）。電通は、この事件をきっかけに、会社が全体として労働基準法違反の長時間労働をさせていた容疑で起訴され、東京簡易裁判所は法人としての電通に有罪判決を言い渡しました。

二〇一六年七月には、神奈川県相模原市にある障害者施設「津久井やまゆり園」で衝撃的な事件がおこりました。二六歳の元職員によって一九人の障害者が殺害され、二六人が重軽傷を負わされました。容疑者は「障害者は生きていても無駄だ」、「知的障害者は意思疎通ができない」などと言ったそうです。しかし、殺害された障害者たちは、「優しく、職員と間違われるほどしっかりした人」や、「電車の車掌のものまねが好きな人」、「絵や写真を指さして意思表示する人」、「トランジスタラジオをいじるのが趣味の人」、「天使のような存在として可愛がられる人」など、みんな個性豊かに生きていたのです（『朝日新聞』二〇一七年一月二三日、参照）。この人たちの人生を突然に奪ってしまう権利など、だれにもありません。

これらの事件は、日本はまだ個人のだれもが尊重される社会にはなっていないことを示しています。それは、日本国憲法がまだまだ活かされていないことです。一九四七年五月三日に日本国憲法が施行されて以来、七〇年になります。この平和憲法とそれを守る国民の努力によって、日本は七〇年のあいだ戦争をすることなく、また民主主義や人権も前進してきました。しかし、憲法がいう「個人の尊重」という点から、憲法をもっと活かすことが必要です。確かに、七〇年もたったのだから憲法は古くなったと言う人もいます。しかし、古くなったと言う前に、その内容をよく考えてみましょう。

1 「人間の尊厳」と「個人の尊重」

（一） 世界人権宣言、ドイツ憲法、日本国憲法

日本国憲法は、第二次世界大戦後の人権宣言や世界の憲法と同時期に生まれました。第二次世界大戦後の人権宣言や憲法を特徴づけるものの一つは、「人間の尊厳」です。第二次世界大戦では世界で五〇〇〇万人もの人が犠牲になりました。ナチス・ドイツによるユダヤ人の大虐殺も行われました。日本の侵略戦争によって二〇〇〇万人のアジア人が犠牲になりました。このような悲惨な経験を踏まえて、あらためて「人間の尊厳」が確認されたのです。

世界人権宣言（一九四八年）は前文の冒頭で次のように言います。「人類社会のすべての構成員の固有の尊厳と、平等にして譲ることのできない権利を承認することは、世界における自由と正義と平和との基礎である」。

またドイツ連邦共和国基本法（ボン憲法、一九四九年）の第一条は次のように言います。「（一） 人間の尊厳は不可侵である。これを尊重し、かつ保護することは、すべての国家権力の

義務である。(二) ドイツ国民は、それゆえ、世界における各人間共同体、平和および正義の基礎として、不可侵かつ譲渡しえない人権を認める。(三) 以下の基本権は、直接に適用される法として、立法、行政および裁判を拘束する」。

日本国憲法(一九四六年)第一三条は次のように言います。「すべて国民は、個人として尊重される。生命、自由及び幸福追求に対する国民の権利については、公共の福祉に反しない限り、立法その他の国政の上で、最大の尊重を必要とする」。

日本国憲法がいう「個人の尊重」と、世界人権宣言やドイツ基本法などがいう「人間の尊厳」とは同じことを意味します。「個人の尊重」とは、一人ひとりの個人の「人間の尊厳」を尊重することだからです。そして個人を尊重することは、その「生命、自由および幸福の追求」の権利に対して、国政の上で「最大の尊重」を行うことを意味します。こうして、憲法第一三条は、個人の尊重をもとにして、「生命、自由及び幸福追求」という包括的な基本権を提示しています。この包括的な基本権から、憲法の各条文が規定するすべての基本的人権が導かれます。また、憲法に明記されていない新しい人権も、この第一三条を根拠として導きだされるのです。

「公共の福祉」という言葉が日本国憲法でしばしば登場します。「公共の福祉」とは、「みんなの幸せ」です。それは、各個人の権利の実現が、他の諸個人の権利の侵害であってはならないことです。つまり、すべての個人がお互いの権利を尊重しあうことを意味します。

日本国憲法は、第二四条で「個人の尊厳」ともいいます。ここでは、婚姻や離婚や家族に関することについて、「法律は、個人の尊厳と両性の本質的平等に立脚して、制定されなければならない」とされています。「個人」はかけがえのない価値をもつものとして「尊厳」をもつからこそ、個人として「尊重」されなければならないのです。

(二) 人間の尊厳の意味

ここで「人間の尊厳」や「個人の尊厳」の意味を確認しておきましょう。

第一に、「人間の尊厳」とは、すべての人間のかけがえのない価値を承認することです。かつて、大量虐殺や奴隷的な扱いなど、人間が粗末にされ、犠牲にされる歴史があったからこそ、それを繰り返さないために、「人間の尊厳」が確認されたのです。

第二に、「人間の尊厳」を承認することは、人権宣言や憲法が示す人権の体系を尊重することです。それは人間の「生命、自由及び幸福追求」を内容とする権利を承認することです。その意味で、「人間の尊厳」は決して単なる抽象的なスローガンではなく、人権の根拠であり、また人権の実現を要求します。

第三に、「人間の尊厳」は一人ひとりの人間の価値を承認することですが、それは決して個人の「自己決定」や「自己責任」には解消されるものではありません。「自己決定」は、個人の判断が尊重されという点で重要です。しかし人生の重要な場面で、個人だけでは決定できない問題も多くあります。家族や友人や同僚や、必要な場合は社会的機関との相談やアドバイスが必要です。また近年、企業や政府の側から「自己責任」が言われます。この「自己責任」論では、社会の中で生みだされている貧困・就職難・過労死などの問題が、すべて個人の「自己責任」にされてしまいます。それは、結局は「個人の尊厳」を否定するものです。企業は「人間の尊厳」に基づいて経営を行う「社会的責任」があり、国家は「個人の尊厳」を実現するような、立法・行政・司法を行う責任があるのです。

第四に、日本国憲法が「個人の尊厳」や「個人の尊重」といっているのは、日本では特に、戦前や戦時中に個人が粗末にされたからです。家族の中では何よりも「家」が重んじられ、「戸主」である父親が大きな権限をもち、妻も子どもは戸主に従属しました。子どもは戸主の許しがなければ好きな人と結婚もできませんでした。会社や国家に対しては滅私奉公が要求されました。そして戦争になると、否応なしに兵士にとられ、砲弾や爆弾と同じ「消耗品」として扱われました。優秀な若者が「特攻隊」として殺されました。日本国憲法には、これらの反省がこめられています。

さらに付け加えると、「人間の尊厳」は、自然に対して人間が不遜《ふそん》な態度をとることを容認するものでも、自然破壊を正当化するものでもありません。むしろ「人間の尊厳」の内容となる「生命、自由及び幸福追求」の権利から、人間の生存や生活の基盤となっている自然環境を保護する権利や義務も導かれるのです。

（三）人間の尊厳を実現するために

この章の最初に、若い労働者の過労自殺と障害者の殺害の例をあげました。それは、「人間の尊厳」や「個人の尊厳」が否定されていることです。過労死や過労自殺の問題は、日本の戦前や戦時中での、若者の「消耗品」扱いや「使い捨て」と変わりません。しかし戦前や戦時中と違うのは、現在では過労死や過労自殺をなくするための運動や、「ブラック企業」を追及するとりくみが数多く行なわれていることです。障害者の殺害の問題は、かつてのナチス・ドイツのもとで障害者が「生きる価値のない生命」として大量に殺害されたことと変わりません。しかし戦後では「人間の尊厳」や「個人の尊厳」が憲法などでうたわれ、日本でも障害者の権利を実現するための積極的なとりくみが行なわれていることです（糸賀一雄『福祉の思想』日本放送出版会、など参照。）

また、「人間の尊厳」や「個人の尊厳」にかかわっては、子どものいじめと自殺、シングルマザーとその子どもの貧困、若者が将来の夢を持てない問題、働き盛りの過労死と失業、高齢者の介護や貧困の問題など、数多くの問題があります。

私たちは、「人間の尊厳」や「個人の尊厳」を実現するために、個々の問題だけでなくそもそも「人間の尊厳」とは何か、「人間の権利」とは何かを考える必要があります。

2　人間の尊厳にもとづく人権

(一)　基本的人権とは何か

「人間の尊厳」は基本的人権の根拠です。「個人の尊重」とはすべての個人に基本的人権を保障することです。では、基本的人権とはなんでしょうか。

日本国憲法の第九七条は次のようにいいます。「この憲法が日本国民に保障する基本的人権は、人類の多年にわたる自由獲得の努力の成果であって、これらの権利は、過去幾多の試練に堪へ、現在及び将来の国民に対し、侵すことのできない永久の権利として信託されたものである」。

この言葉は、人権の本質をみごとに表現したものです。ここで言われるように、基本的人権は次のような意味をもっています。

第一に、それは人類の多年にわたる自由獲得の努力の成果です。ヨーロッパの一七〜一八世紀の市民革命において、自由・平等・所有権などの要求が「自由の権利」として主張されました。その内容が各国の憲法にも明記されました。また、市民革命後には高額の納税者に限られていた選挙権を、国民全体に拡大する「普通選挙権」の運動が起こりました。こうして、政治に参加する自由として、一九世紀には男性の普通選挙権が、二〇世紀には女性の参政権が、確立されてきました。

さらに資本主義の発展の中で貧富の格差、労働者の劣悪な労働条件・長時間労働などが社会問題になりました。また子どもの教育の必要と要求が高まり、さらに失業者・病人・老人らの生存の保障も要求されました。こうして、だれもが「人間らしく生きる権利」が主張される中で、労働権・教育権・生存権などが承認されてきました。これらの権利は、個人の権利の実現のために国家がそれを社会的に保障しなければならないものです。その意味でこれらの権利は、「社会権」と呼ばれます。しかも、ヨーロッパで誕生した人権は、アメリカにもアジアにも、そして世界に拡大されたのである。

第二に、これらの権利が憲法でうたわれた後も、言論の自由の抑制、人種差別・思想差別・女性差別などが依然として行われました。また貧困や過労による死亡、戦争の犠牲など、生きる権利が保障されない状態も続きました。こうした中で、人権の実現とは、「人間の尊厳」や「個人の尊厳」を実現することであることも明確にされてきました。そして、自由や平等の権利、政治参加の権利、人間らしく生きる権利などを主張する人々が「不断の努力」を続けてきました。こうして、人権は「過去幾多の試練」に堪えて、現在に引き継がれてきたのです。

第三に、これらの権利は「現在の世代」だけのものではありません。人権は、「過去の世代」の努力によって獲得され、幾多の試練に堪え、また世界中に拡大されてきました。人権は、ヨーロッパから出発した歴史的なものでありながら、同時に人類にとって普遍的なものであることが示されてきました。それは「侵すことのできない永久の権利」です。したがって、人権は「現在の世代」の中でいっそう拡大されるだけでなく、「将来の世代」にも受け継がれるべきものです。人権は、各世代によって充実させられ、それを次の世代へと引き継ぐよう、人類の歴史によって「信託」されたものです。「信託」とは信頼して委託することです。

（二）　基本的人権の体系

日本国憲法は、このような基本的人権を体系的に提示しています。それは憲法学者によってさまざまに区分され分類されています。

ここでは、まず、日本国憲法第一三条のいう「生命、自由および幸福追求の権利」が、すべての人権のもとになる「包括的基本権」であることを確認しておきたいと思います（佐藤幸治『憲法』青井林書院、一九九七年、参照）。それは、自由権・社会権・参政権をふくむすべての人権を包括するものです。また、「個人の尊重」にもとづく「生命、自由、幸福追求の権利」から、憲法に明記されていない、プライバシーの権利や環境権なども承認されることになるのです。

人権の体系はさまざまに分類されます。その一つとして、山内敏弘氏の次のような分類（類型論）が参考になります。

「①総則的原理（個人の尊重、人権の不可侵性と公共の福祉など）、②生命権（平和的生存権を含む）、③幸福追求権（自己決定権、プライバシー権、環境権等を含む）、④平等権、⑤自由権（精神的自由、人身の自由、経済的自由）、⑥参政権（選挙権・被選挙権、憲法改正に際しての国民投票など）、⑦国務請求権（裁判を受ける権利、国家補償請求権など）、⑧社会権（生存権、教育権、労働基本権）」（山内敏弘『人権・主権・平和』日本評論社、二〇〇三年、二〇ページ）です。

この分類では、②「生命権」を独立した人権として、しかも最重要の人権として位置づけています。ここで言われている「平和的生存権」については、後であらため考えたいと思います。

なお、この分類では、⑧「社会権」が最後になっています。しかし、それはその位置づけが最も低いという意味ではありません。生存権・教育権・労働権などの社会権の保障がなければ、さまざまな③「幸福追求権」も、⑤「自由権」も意味をもちません。逆に、言論の自由などの「自由権」が保障されなければ、「社会権」も真の権利とはなりません。また④「平等権」の一つである男女の平等は労働権としても重要です。そして社会保障によって貧富の格差（不平等）を是正することが必要です。このように、④「平等権」は⑧「社会権」とも密接に関連します。こうして、これらの権利のうちでどれを優位におくかではなく、その相互の関連をとらえ、全体として実現をはかることが重要です。

そして、人権を保障するものが、社会と国家の民主的な運営です。また参政権や表現の自由などは、民主的な社会の形成にとって不可欠です。そこで次に、人権を実現するものとして民主主義について考えましょう。

3　民主主義とは何か

(一)　基本的人権と国民主権

人権の確立と不可分なものが民主主義です。人権は、権力者から与えられたものではありません。民衆が「自分たちも人間だ」と声をあげて勝ち取ったものです。ですから、人権と民主主義とは一体のものです。

「民主主義」(デモスクラチア)とは、もともと古代ギリシア語で「民衆の支配」を意味します。近代の民主主義は、まず「国民主権」を意味します。同時に、近代民主主義では、主権者である国民は基本的人権をもっています。一人ひとりの基本的人権は、国家の立法権や国民の「多数決」によっても、侵害も否定もできないものです。こうして、国民主権と基本的人権とが近代民主主義の根幹をなすのです。

日本国憲法は、前文で「ここに主権が国民に存することを宣言し、この憲法を確定する。そもそも国政は、国民の厳粛《げんしゅく》な信託によるものであって、その権威は国民に由来し、その権力は国民の代表がこれを行使し、その福利は国民がこれを享受《きょうじゅ》する」とうたっています。ここで言われるように、「国民が主権者」であり、国政は「国民の信託」によるものです。政治権力は「国民に由来」し、「国民の代表」によって行使されるものであり、何よりも「国民の福利」をめざすものです。これは、まさに民主主義の精神を述べたものです。

そして国民主権の実現は、国民が自らの代表を選び、国民の福利を実現する政治によって行われます。そのためには、憲法に規定された「普通選挙権」(第一五条)や「請願権」(第一六条)、「集会・結社・言論・出版・表現の自由」(第二一条)、「裁判を受ける権利」(第三二条)、「地方自治体での選挙権」(第九三条)、「特別法での住民投票権」(第九五条)などは、民主主義の権利として重要な意味をもちます。

普通選挙権は、かつてのイギリスのチャーチスト運動や日本の大正デモクラシー、また女性参政権運動など、世界中の人々が繰り広げた運動の成果として成立したものです。普通選挙権は国民主権の根幹です。

(二) 国民の政治参加

ジュネーヴに生まれてフランスで活躍した、ジャン・ジャック・ルソー(一七一二〜

一七七八）は、一八世紀当時、「イギリスの人民は自由だと思っているが、それは大まちがいだ。彼らが自由なのは、議員を選挙する間だけのことで、議員が選ばれるやいなや、イギリス人民は奴隷となり、無に帰してしまう」（ルソー『社会契約論』桑原武夫・前川貞次郎訳、岩波文庫、一三三ページ）と批判しました。

この点も重要です。議員まかせの政治や官僚まかせの行政では、政治も行政もよくなりません。「集会・結社・言論・出版・表現の自由」を活かして、国民が声をあげることが重要です。日本では、近年、原発再稼働に反対して脱原発のエネルギー政策をすすめることや、戦争法に反対して平和憲法を国際社会に活かすことや、共謀罪に反対して国民の自由を守ることなど、多くの問題で、多数の集会が開かれデモンストレーションやパレードが行われています。この市民運動が、野党の共闘によって政治を変える方向性をつくり出してきました。市民運動とは、国民（その多くは労働者）の主権者としての運動です。

請願権や、地方自治における住民投票、リコール権などを生かすことも民主主義の重要な要素です。日本でも、環境問題や原発問題などでは、住民の意見を反映させるための住民投票が威力を発揮してきました。また、裁判を受ける権利を生かすことは、個人の権利を守るだけでなく、立法や行政の誤りを正すうえでも重要である。

請願権について、憲法は「何人も、損害の救済、公務員の罷免、法律、命令又は規則の制定、廃止又はその他の事項に関し、平穏に請願する権利を有し、何人も、かかる請願をしたために いかなる差別待遇も受けない」（第一六条）とうたっています。これを受けて請願法は、「文書でこれをしなければならない」（第一条）とし、国会法は「議員の紹介により請願書を提出しなければならない」（第九七条）としています。毎年、さまざまな問題をめぐって全国で数多く取り組まれている国会請願署名は、この規定を活用するものです。

有権者が「無に帰してしまう」ことのないようにするためには、有権者自身が行動しなければなりません。民主主義を生かすことは、国民が主権者として政治に参加することです。そのためには、国民自身が市民団体、住民団体、労働組合、政党などをとおして政治の問題を考え、討論できることが必要です。メディアもまた、真に必要な情報を国民に提供するものでなければなりません。

近年、国際的に「ポスト真実」の政治が問題になっています。政治家が平気でうそをつき、国民をだますことや、「フェイク（偽）・ニュース」がインターネットなどで流されて、政治に大きな影響を与えることが問題になっています。これに対抗するものは、国民自身による批判的な情報の収集と発信であり、一方的な情報をうのみにしない対話や討論です。政治家やメディアは、その果たすべき社会的責任がいっそう強く問われています。

（三）　地方自治、個人の参加

地方自治は民主主義の重要な一つです。日本国憲法は「地方自治」を明確に定め（第九二条）、地方公共団体の長および議会の設置と、その住民による選挙を定めています（第九三条）。地方自治に住民が積極的に参加することが、民主主義を発展させるのです。

さらに、地方自治と国会との関係では、「一の地方公共団体のみに適用される特別法は、法律の定めるところにより、その地方公共団体の住民の投票においてその過半数の同意を得なければ、国会は、これを制定することができない」（第九五条）としています。国権の最高機関である国会も、住民の意思を尊重しなければならないのです。政府の行政においても、地方自治の尊重は当然のことです。

しかし、今日、地方自治が尊重されていないことがあります。その最大の問題が、沖縄県で現れています。沖縄には広大な米軍基地があり、沖縄の人々は日常的に基地の被害にさらされています。米軍機の爆音による騒音、ヘリコプターの落下などの事故、アメリカ兵による強姦・強盗などの被害がたえません。しかも、米軍の犯罪者を逮捕し裁く権利も日本の警察や裁判所から奪われています。これらは当然、沖縄県民の意思に反することです。

そのうえ、日本政府は、沖縄県民の反対を押し切って、強引に名護市の辺野古に新しい米軍基地を建設しようとしており、これが普天間基地を米軍から返還させる条件だとしています。しかし、辺野古基地は普天間基地をはるかに上回る基地機能をもつものとして計画されています。すでに沖縄では、県知事選挙、名護市長選挙、衆議院選挙・参議院選挙での沖縄選挙区での結果などによって、「辺野古基地建設反対」という住民の意思は十分に表明されています。日本政府は、日本国憲法の精神や沖縄県民の意思よりも、アメリカへの従属を優先させ続けているのです。この沖縄の問題は、日本国民の問題です。沖縄の人々と連帯した運動も進められています。

地域づくりでの住民参加が、地域を活性化させます。その取り組みが全国の各地で行われています。また学校での児童や生徒の参加による学校運営や、学生の参加による大学の自治が、人間らしい発達を保障する点でも、学問と教育の自由を保障するうえでも重要です。そして職場での労働者や労働組合の参加、労働組合での労働者の積極的参加などが、労働者の権利を守るうえで不可欠です。地域の暮らしも、学校運営も、職場の民主主義も、その構成員の積極的な参加がなければ成り立ちません。

ところが、今日、競争原理の導入や組織運営の効率化などという理由で、構成員には競争を強いながら、社長や知事や校長・学長などの権限を強め、トップダウンの組織運営が進められています。しかし、競争は個人をバラバラにし、構成員の協力を妨げます。トップダウンの運営では、現場の実情を無視した方針が押しつけられ、結局、組織として機能しないことがしばしばあります。組織の民主的な運営によって、構成員一人ひとりの権利を守りながら、組織の「社会的責任」を果たすことが重要な課題になっています。

以上のような人権や民主主義も、平和な社会であってこそ実現できるものです。戦争がいかに人権を破壊し、民主主義を否定するかは、第二次世界大戦中の日本やドイツなどでの経験からも明らかです。また戦後の世界においても明らかです。そこで、平和に生きる権利としての「平和的生存権」について考えたいと思います。

4 平和的生存権の実現

(一) 平和憲法の世界史的意義

「個人の尊重」をかかげる日本国憲法が、特に重視しているのが「平和的生存権」であり、「戦争放棄」による平和の実現です。その意味で、日本国憲法は「平和憲法」と呼ばれています。

憲法はその前文で「平和主義」の思想を次のような言葉で述べています。「政府の行為によって再び戦争の惨禍が起ることのないやうにすることを決意し、ここに主権が国民に存することを宣言し、この憲法を確定する」。日本国民は、「恒久平和を念願し」、「平和を愛する諸国民の公正と信義に信頼して、われらの安全と生存を保持しようと決意した」。「われらは、全世界の国民が、ひとしく恐怖と欠乏から免かれ、平和のうちに生存する権利を有することを確認する」。

このような「平和的生存権」の確認は、世界史的な意義をもっています。近代の人権思想において、人間は生まれながらに「生命、自由、所有権」という人権をもち、それらの人権を確保するために人民の同意に基づいて政府を樹立する、とされました。そしてこのような政府の目的を達成するために、政府の権力を制限するとともに、もしも政府による政治権力の乱用と人権侵害が起こった場合には、人民は新しい政府を樹立する抵抗権・革命権をもつ、と主張されました。このような思想の代表者はイギリスのジョン・ロック（一六三二〜一七〇四）です。その思想はイギリスの市民革命において生まれたものですが、「アメリカ独立宣言」をはじめとして世界の人権思想に受け継がれてきました。

しかしながら、近代社会の歴史の中で、人間の「生命、自由、所有権」も、国家の戦争によって、容易に制限され、無惨に奪われる歴史が繰り返されてきました。「平和に生きる権利」の確立なくしては「生命、自由、所有権」も守れないというのが、人類の歴史の教訓です。

第二次世界大戦では、戦争が国家のすべての人員と物資を動員する「総力戦」として戦われました。戦争に反対する人々は、特に日本やドイツでは「非国民」の「犯罪者」として弾圧されました。また戦争では、攻撃の対象は軍隊や軍事施設だけではありません。ドイツや日本によっても、イギリスやアメリカなどによっても、都市への空爆などによる民間人の無差別な殺《さつ》戮《りく》が行われました。その最大の悲劇が、広島・長崎への原爆の投下です。戦争は、国民の「自由・平等・幸福追求」の権利も、「所有権・安全・圧政への抵抗」の権利もいっさいを奪うものです。戦争は人権獲得の歴史をくつがえすものです。

日本国憲法は、このような戦争における膨大な人々の犠牲と、国家による戦争への反省のうえに立っています。日本国憲法は、全世界の国民がひとしく「恐怖と欠乏」から免れ、「平和のうちに生存する権利」をもつことを確認したのです。

ここから、日本国憲法の第九条第一項は言います。「日本国民は、正義と秩序を基調とする国際平和を誠実に希求し、国権の発動たる戦争と、武力による威嚇《いかく》又は武力の行使は、国際紛争を解決する手段としては、永久にこれを放棄する」。そして第二項は、「前項の目的を達するため、陸海空軍その他の戦力は、これを保持しない。国の交戦権は、これを認めない」としています。

（二）日本国憲法の積極的平和主義

日本国憲法は、世界の人々の「平和的生存権」を主張し、「平和を愛する諸国民の公正と信義に信頼して、われらの安全と生存を保持」する「決意」を前文でうたっています。そして九条冒頭で、「日本国民は、正義と秩序を基調とする国際平和を誠実に希求」すると言っています。

平和憲法は、単に戦争を放棄するとか、他国の善意を期待するような、消極的で受動的な「平和主義」の立場ではありません。それはまた、世界中で紛争が起こっていても日本一国だけで「平和」をとなえて、紛争に巻き込まれないようにしていればよいとする、いわゆる「一国平和主義」ではありません。

平和憲法は、平和を求める世界の人々と連帯して、公正と信義に基づく国際秩序を形成することをうたっています。それは、国際紛争を平和的に解決することが世界のルールとなるようにすることです。そして、国際社会の「正義と秩序」に基づく国際平和の樹立のために、日本国民が積極的に努力することです。これが本当の意味での「積極的平和主義」です。日本政府も当然、この憲法の精神に立って、国際平和を推進する外交や人道的支援による国際貢献を行わなければなりません。

現在、中東やアフリカなどの戦争の被害地域で、医療活動や復興支援活動を行ったり、子どもたちを支援するボランティア活動を行っている日本人が多くいます。また戦争やテロの実態を報道するために、危険な現地でジャーナリストとして活動している日本人もいます。これらの人々は「平和憲法」の精神を示す人たちです。

今日、平和を願う世界の多くの人々は、日本国憲法の平和主義と戦争放棄を高く評価し、これを世界に広げるべきだと考えています。

ただし、戦争が「平和」の名の下に行われることも注意しましょう。これまでの侵略戦争は、常に「平和のため」、「自衛のため」という口実で行われてきました。日本が中国大陸を侵略する中で出した「政府声明」(一九三七年)や、アメリカなどへの「宣戦布告」(一九四一年)において、「帝国」(大日本帝国)は、ひたすら「東亜の平和」や「世界の平和」を願ってきたと言いはっています。こうして「平和」を口実にした侵略戦争を行い、アジアで二〇〇〇万人以上、日本人を三一〇万人も犠牲にしたのです。

この戦争が「侵略戦争」であったことを認めない、安倍晋三首相が「積極的平和主義」をとなえています。安倍首相は、みずからの「平和主義」を英語で「パシフィズム(pacifism)」とはけっして言いません。「パシフィズム」とは「戦争反対」を意味するからです。彼は二〇一五年四月にアメリカ議会で演説を行ったさいにも、日本語の「国際協調主義にもとづく積極的平和主義」を、英語では決して「パシフィズム」とは言いませんでした。その代わりに、彼の使った英語を直訳すれば「先手を打つ平和のための貢献を国際協力の原理に基づいて行う（proactive contribution to peace based on the principle of international cooperation）」と演説しました（『朝日新聞』二〇一五年四月三〇日）。これは、アメリカの世界戦略のもとでの「国際協力」によって、戦争も手段として「先手を打つ貢献」を「平和のため」に日本が行うことを誓ったものです。そのために、日本の「安全保障法」（戦争法）をその年の夏に成立させることを、アメリカ議会で誓約したのです。ここで「平和のための」という言葉は、「平和のための戦争」を含んでいます。それは、「他国の脅威」を口実にして他国に軍事的な圧力を加えたり、「集団的自衛権」という名目でアメリカの戦争に参加するような、「戦争主義」に容易に転化します。このような偽りの「積極的平和主義」をけっして認めることはできません。今日、戦争は人類への犯罪であることをあらためて明確にする必要があるでしょう。

（三）平和憲法をめぐる対決点

安倍政権以前の戦後の歴代政府は、憲法九条は自衛権を放棄したものではないから、自衛隊は合憲であるとしてきました。そして、自衛隊が合憲であるとするために、自衛隊の任務は「専守防衛」であるとしてきました。また、自国を守る「個別的自衛権」はもつが、他国と共同で戦争を行う「集団的自衛権」はもたない、としてきました。このことによって、自衛隊は海外に派兵されても戦闘はしないという抑制が行われてきました。

こうして、確かに自衛隊はすでに世界有数の軍隊になってはいますが、しかし平和憲法によって、アメリカの戦争に加担することは抑制されてきました。そして、戦後の日本は七〇年にわたって、「戦争をしない国」として国際的にも承認されてきました。多くの国民が平和憲法のもとでの自衛隊の存在を認めているのも、あくまでも「自衛」の部隊として、また大規模な災害支援に役立つ部隊として期待しているからです。

ところが、安倍政権のもとで、二〇一五年九月に「安全保障法」（戦争法）が国会での強行採決によって成立させられました。この法律は、従来の政府の憲法解釈を乱暴にくつがえして、「集団的自衛権」を合憲だとし、自衛隊の任務を拡大して、日本をアメリカと共に地球上のどこででも「戦争をする国」に変えてしまうものです。

これに対して、圧倒的多数の憲法学者が「違憲」だと主張しました。また安倍政権は、「立憲主義」（憲法とは国民の権利を守るために国家の権力を制限するものだという原則）を否定し、憲法の「平和主義」も「民主主義」の破壊するものだという批判が、多くの国民からおこりました。安倍政権への反対運動はその後も高まっています。

安倍政権は、南スーダンに国連のＰＫＯ（平和維持活動）部隊として派遣している自衛隊に、いったんは「戦争法」にもとづく新たな任務を与えました。しかし、国民の批判の中で、自衛隊を南スーダンから撤退させました。またトランプ米大統領が空母などを使って北朝鮮に対する軍事的威嚇を行うにあたって、安倍政権は国民に十分な説明もなく、自衛艦を米軍とともに行動させています。これは、「武力による威嚇」を禁じた憲法九条に違反するものです。このように、戦争法をめぐる問題が、大きな対決点になっています。

（四）　安倍政権の急速な改憲の動き

しかも、安倍政権は、平和憲法をいっきょに改悪しようとする動きに出ています。二〇一七年五月三日の憲法記念日に、安倍晋三首相は自民党総裁として、改憲派の集会にビデオメッセージを寄せました。その内容は、①憲法を改正して、これを二〇二〇年の東京オリンピックの年に施行すること、②憲法第九条の第一項および第二項はそのままにして、第三項に自衛隊を明記すること、③高等教育までの教育の無料化を憲法に書き込むこと、というものです。これは、彼が党首である自民党の「憲法改正草案」も形式上はかなぐりすて、また国会の憲法審査会の議論をもまったく無視したものです。また憲法第九条については、改憲運動を行っている日本会議の理論家がすでに主張していたものを、自らの主張として述べたものです。

この安倍首相の発言はきわめて重大な内容をもっています。安倍首相は、「憲法改正」を結党の精神とする自民党の総裁の立場で発言した形をとっています。しかし、彼は「憲法尊重義務」を最も強く負う内閣総理大臣です。首相と党首との使い分けは口実にすぎません。問題のビデオは実際、その背景画面から、首相官邸で撮られたものであることが、テレビの報道番組でも指摘されています。彼はすでに「戦争法」や「共謀罪」の強行成立など、憲法を破壊する行動を次々にとっています。彼の政治姿勢にはそもそも「憲法尊重義務」はありません。安倍首相は、祖父の一人である岸信介元首相（戦争中の東条内閣の閣僚で元A級戦犯容疑者）の遺志を受け継いで、「憲法改正」を行うために、政治家になった人です。国会の審議も無視して、日程まで定めた「憲法改正」の発言は、重大な憲法違反です。

「憲法改正」発言の中味も大問題です。現行の憲法九条の全文を残したとしても、第三項に自衛隊を書き込むことによって、平和憲法の精神が失われます。すでに安倍政権は「戦争法」によって、自衛隊を実質的に「陸海空軍」をもつ「戦力」に変貌させ、アメリカとの「集団的自衛権」を行使する軍隊に変貌させています。これは自衛隊に「交戦権」を与えることです。そして戦闘機などの軍備もすでに国土防衛だけでなく、敵地を攻撃できる「戦力」として増強しています。また、企業の軍事産業化を推進し、大学や研究所の通常予算は削減しながら、大幅な軍事研究予算を付けようとしています。自衛隊の憲法での明文化は、このような政策と結びついて、憲法九条そのものを実質的に否定するものであり、死文化させるものです。そして実質的な「戦力」としての自衛隊が憲法に明文化されれば、首相が戦力を動かす体制や、軍事裁判所の設置、軍事機密の保護、スパイ防止という名での情報収集の取り締まり、外国の脅威をあおり軍事行動を推進する政府広報、戦争に反対する言論・集会・組織への抑圧など、まさに「戦争国家」への道を歩むことになるでしょう。それは、日本国憲法そのものの否定になりかねません。

また、教育の無償化は、憲法に明記しなくてもできることです。そもそも、教育予算を削り、GDP比率で先進国中最低の教育予算にし、大学の高額費や、奨学金という名の金貸しと学生の借金地獄、親の重い教育負担、教員の多忙化と異常な長時間労働、いじめや自殺など、教育をめぐる重大な問題を起こしてきたのは、歴代の自民・公明政権と安倍政権です。この政権がいきなり「教育の無償化」を言っても、実行する保証はまったくありません。

しかも、教育の無償化ができているヨーロッパの国々を見ても、それは国家や政府の政策の問題であって、憲法の問題ではありません。安倍首相がなんらの政策的な裏付けもなしに「教育の無償化」を言い出したのは、日本維新の会が主張している「憲法改正」項目を加えて、維新の会を取り込むためです。それは、国会発議や国民投票での数合わせの手段にすぎません。このことも多くの国民が見抜いています。

（五）憲法を活かす力が守る力

安倍首相は、二〇一七年九月二八日に開催された臨時国会の冒頭に衆議院を解散し、一〇月二二日に総選挙が行われました。しかしこの臨時国会は、もともと「森友学園・加計学園疑惑」（安倍首相に関係の深い両学園が小学校や獣医学部の新設申請を行うにあたって公平な行政がゆがめられたという疑惑）を解明するために、野党が憲法第五三条に基づいて開催を要求したものです。安倍首相は、国会での審議を一切させないで解散したのです。これは、「森友・加計疑惑かくし」の憲法違反の解散であり、また、野党第一党であった民進党の人事の混乱などに乗じた党利党略の解散です。

民進党は総選挙直前に、希望の党への合流を決めました。しかし希望の党は、一部の候補者を「排除します」と宣言して、安保法制を容認したり、憲法改正を容認するなどの政策協定書を「踏み絵」としました。そのため、民進党は希望の党、立憲民主党、無所属に分裂してしまいました。この中でも、立憲民主党・日本共産党・社民党・無所属候補との共闘や市民との共闘が行われ、また日本共産党が小選挙区で多くの候補者をおろすことによって、立憲民主党が野党第一党になりました。

この選挙の結果、安倍政権の支持率が低下するもとでも自民党が解散時の議席を維持し、公明党とともに「改憲」の発議のために必要な衆議院議員の三分の二以上を確保しました。また希望の党、日本維新の会なども「改憲」を主張しています。こうして、憲法問題がいよいよ本格的な政治的課題となってきました。

しかし、安部政権の強引な政治手法にもかかわらず、平和憲法を七〇年間まもり続けてきた国民の力がそれに対抗しています。「憲法九条は変えなくてよい」という国民の世論は、安倍首相の発言や総選挙の後も、引き続き強くあります。また、安倍九条改憲NO！　全国市民アクションによる三〇〇〇万人署名の運動をはじめ、全国の九条の会や、さまざまな市民の会、労働組合等が活動し、安倍政権とたたかう野党との共闘も進んでいます。

本章で見たように、日本国憲法には、世界の人権思想と憲法思想の成果がつまっています。

私たちは、この憲法の人権、民主主義、平和主義を活かす取り組みをいっそう進めることが必要です。その中で、日本国憲法のすばらしさを学び語ることができるでしょう。そして、憲法改悪阻止の力をいっそう強めることができるでしょう。

参考文献
伊藤真監修『日本国憲法』（角川春樹事務所、二〇一三年）
糸賀一雄『福祉の思想』（日本放送出版会、一九六八年）
森英樹『大事なことは憲法が教えてくれる――日本国憲法の底力』（新日本出版社、二〇一五年）

資本主義をのり超える主体を育む

岩佐　茂

1　どこから来てどこへ行くのか

「私たちはどこから来たのか、私たちは何者か、私たちはどこへ行くのか」——これは、ポスト印象派の画家、ゴーギャンが、自分の作品でもっともすぐれたものとみなした絵画のタイトルです。この作品についてては、彼が友人に宛てた手紙で詳細に語っています。それによれば、右下には、「眠っている幼児」、中央には、「果物をもいでいる」人や果物を食べている人が、そして左下には「死の間近い老婆」が描かれ、それぞれのステージにかかわる人物や動物、「偶像」が象徴的に配置されていることになります。一言でいって、「日々の生活」や「共同生活」を描いた人生の絵物語といえるでしょう。

ゴーギャン自身は、自ら「哲学的な作品」と語るこの絵画について、何を描いたかは詳細に語りながら、どのような思想的メッセージを込めていたかについてはほとんど語っていません。作品について、美的センスも含め、さまざまな解釈が可能でしょうが、わたくしなりに、三点ほど思想的に読み取ってみました。

一つは、ゴーギャンがヨーロッパの近代文明を嫌っていたことがわかります。そのことは、

私たちはどこから来たのか　私たちは何者か　私たちはどこへ行くのか　ゴーギャン（1897年）

中央やや右寄りに、「思索」者（文明人）として描かれた「紫色の着物をきた二人の人間」が暗い色合いで描かれていることに表現されています。

もう一つは、自然のなかで自然とともに暮らし、近代文明に汚されていない人間の生涯が積極的に肯定されていることがわかります。それは、鮮やかな原色の色づかいからも読み取れます。

三つめは、生涯が生活の営みとして描かれていることがわかります。もっとも大きな人物として描かれている「果物をもいでいる」人物は労働を意味するでしょう。その左横で果物を食べている人物は消費を意味するでしょう。労働し消費するということが、日々の生活の中心にすわっていることがわかります。日常の生活は、労働や消費だけでなく、他者や身の回りの動物との語らいにあることも、ゴーギャンは描いています。そのことは、先の手紙で、「死の間近い老婆」の足元で、「足でトカゲをつかまえた白い奇妙な鳥が、言葉のむなしさをあらわしている」と象徴的に語っていることでもわかります。人生の終わりとともに、語らいも終わるからです。蛇足ですが、老婆が悲愴に描かれているのは、病で死を覚悟していたゴーギャンのペシミズムが投影されているからでしょう。

一八四八年のパリ革命のときに生まれ、両親から革命的血筋を受け継いだゴーギャンは、「私たちはどこから来たのか、私たちは何者か、私たちはどこへ行くのか」という問いのなかで、近代文明に汚されずに、自然のなかで、自然とともに生き、労働し、消費し、愛し、喜び、歌い、語らう人間の日常の生活や生き方を尊んだのだと思います。ゴーギャンは、「金の奴隷」になることを嫌いました。ヨーロッパ脱出前の作品「マドレーヌ・ベルナールの肖像」のモデル宛ての手紙では、「利己的で金次第の」「近代的生活」は、「私にははなはだなじめないもの」とも記しています。

2　資本の論理による金縛りの生活

私たちは、日々、働き、食事をし、家族や友人と語らい、学び、休息し、スポーツや旅行などの余暇を楽しんでいます。かたときも離せなくなっているのは、スマホであり、コンピュータです。電車のなかでも、スマホを見ている人がいかに多いことか。かくいう私も、スマホを見ています。これが、日常生活の風景です。ありふれた生活といってよいでしょう。

でも、日々の生活には、もう一つ深くかかわっているものがあります。お金です。お金は働くなかで得られますが、お金のある人とない人では、日常生活の風景もガラッと変わってきます。一九七〇年代には、「一億総中流社会」とも言われましたが、今は、富めるものと貧しいものの格差が極端なほど広がっています。かつて高度経済成長を支えた中間層の「下流老人」化や子どもの貧困、ワーキングプアで結婚もできない若者の増加、突出して世界一高い母子世帯の貧困率が深刻な問題としてクローズアップされています。

お金のある、なしによって、生活のあり方は大きく変わります。それだけに、現代人はお金を稼ぐことにあくせくし、そのために身を粉にして働いてもいます。お金に振り回される生活を送っているといえるでしょう。

マルクスは、人間がお金に縛られる生活を「人格の物象化、物象の人格化」と呼び、近代資本主義は「人格の自立性」が「物象的依存のうえにきずかれた」顚倒した社会であると語りました。人間は個人として自立した人格でありながら、お金に縛られ、人間相互の人格的な結びつきもお金という物象に依存した関係になってしまっているからです。マルクスの語る「物象」とは、商品であり、貨幣（お金）であり、資本のことです。

それにたいして、近代以前の社会は、「人的な依存関係」の社会です。それは、自然発生的な血縁や地縁に縛られています。個人の自立が尊ばれるのではなく、血筋や家系、家族が重視される社会です。島崎藤村は『家』で、主人公の小泉三吉に、「我我は何処へ行っても、皆な旧い家を背負って歩いてるんじゃ有りませんか」と語らせ、家族制度に縛られた近代的自我の苦悩を描き出しました。でも、お金に縛られず、自然のなかで自然とともに生きるのは、血縁や地縁という悪弊のなかにあるポジティブな面といえるでしょう。ゴーギャンの絵画には、それが描かれています。

近代社会は、個人の自立や自由を理念として掲げた社会です。それが資本主義の発展を促すことにもなったわけですが、その反面、お金に縛られ、拝金主義が横行する社会にもなりました。資本主義は、利潤を最大化し、資本蓄積を目指す資本の論理によって動いているからです。資本の論理にとっては、人間も自然も利潤を最大化するための対象となっています。人間は労働力を提供する労働者として（労働の搾取）、商品購買の消費者として（利潤の獲得）、自然は、生産物をつくり出すための素材として（自然の収奪）。

近代以前の社会も近代社会も、ポジティブな面とネガティブな面を抱えています。近代以前の社会は、個人は自然のなかで自然とともに生きていますが、血縁や地縁に縛られています。近代資本主義社会では、個人は一見自由な人格として自立していますが、お金に縛られていています。マルクスが見据えた将来社会は、これら二つの社会のネガティブな面を克服したものでした。それは、個々人が自立した人格として自由に活動しながら、相互に人間的に結びついている社会です。

マルクスは、そのような将来社会をアソシエーションと呼びました。アソシエーションが何であるかを語る前に、資本の論理がひき起こすネガティブな面にもう少し立ち入っておきたいと思います。ネガティブな面は、最初は、近代的理念として近代資本主義がもたらしたポジティブな面に覆い隠されていた感もありますが、今日では、深刻な矛盾、行き詰まりとしてのっぴきならぬところまできています。資本主義の終焉がいろいろなところから話題になり始めているのも、そのためでしょう。

3 生活をどう創り、どう紡ぐか

(一) 日常生活のベースとなる物質代謝

ゴーギャンは、「私たちはどこから来たのか」と「私たちはどこへ行くか」の間に、「私たちは何者か」をはさみました。ゴーギャンにとっては、二つの問い、人間が歩んできた過去とこれから歩むであろう未来を問うことは、人間とは何かを問うことを意味していたのだと思います。

ゴーギャンが果物をもぐことと果物を食べることで描き出そうとしたのは、生産と消費でしょう。生産と消費は、日常生活そのもの、つまり、衣食住の営みです。動物は自然のうちにあるものを餌とするだけですが、人間は違います。労働によって、食べ物を生産して、それを食し、大気を吸い、水を飲むことによって、外的自然を体内に摂取して消化・血肉化（同化）し、排泄（異化）して、日々生きています。マルクスは、これを「人間と自然の物質代謝」と呼びました。それが、日常生活のベースになっています。健康な生活を送るためには、自然との正常な物質代謝がかかせません。

生産物をつくり出すのは生産的労働です。それは、協働として、分業としておこなわれます。その過程では、働くものの交わり、コミュニケーションが不可欠です。意思疎通を図らなければならないからです。マルクスは、コミュニケーションを「精神的交通」とみなして、重視しました。それだけではありません。労働のもつ目的意識性や意思も、人間の精神面、精神活動を発達させてきました。それらが絡み合いながら、芸術や宗教、科学などの精神的文化が発達してきたわけです。

生活の基本は衣食住です。それなしには、人間は生きていけません。衣食住をベースにしながら、同時に、コミュニケーションや精神的文化も多様に発展させてきました。そのトータルが、人間の生活なのです。そのなかで、個々人は、喜び、悲しみ、ときには怒りながら、自らの能力を発揮し、自らを表現し、自らの生をまっとうします。生きるために、「パン」は欠かせませんが、「パンのみに生きるにあらず」といわれるのも、そのためです。「衣食足りて礼節を知る」というのも、それに近い故事でしょう。

資本主義は、生産力を飛躍的に高めることによって、人間の活動領域を大きく広げ、豊かな精神的文化を多様に花開かせました。じつに多くの人たちが、精神的文化の担い手、創造者や享受者になりました。これは、近代以降のことです。このことは、近代文明のポジティブな面、進歩性といえるでしょう。

（二）　資本の論理に抗する生活擁護の運動

だが、利潤を最大化しようとする資本の論理が、さまざまな深刻な歪みやひずみを生み出しているのも事実です。

自然との関係でいえば、資本の論理は、環境破壊を不可避にひき起こしてきました。儲け本位に生産物をつくることによって生じる副作用に無頓着に、自然を乱開発し、自然を収奪してきたからです。その結果、環境破壊がひき起こされてきましたし、法的規制がないかぎり今もひき起こされています。

また、売れるものであれば、たとえ有害であろうと、不必要なものであろうと、おかまいなしに生産します。儲かるからです。たとえば、人体に有害な、あるいは有害の可能性のある食品添加物やアレルギーをひき起こす食品も無頓着に売られています。規制されても、つねに後追い的です。食の安全・安心ということが社会的に問題になるのも、健康よりも利益の方が重んじられる事態があるからでしょう。

とくに今日、資本主義は、飽くなき利潤追求に走る「強欲資本主義」、あるいは実態経済とはかけ離れた投機マネーに躍らされる「カジノ資本主義」の傾向をよりいっそう強めています。貧富の格差がグローバルに拡大されています。その結果、世界の一％の富裕層の資産の合計が世界の九九％の人々の総資産よりも多くなったと報告されています。この報告をおこなったNGOのオックスファムは、二〇一七年の報告では、「世界で最も豊かな八人が世界の貧しい半分の三六億人に匹敵する資産を所有している」と指摘し、「九九％のための経済」を提唱しています。日本でも、共産党の小池晃書記局長は、「上位四〇人の資産は、全世帯の下から五三％程度が保有する資産に相当する」と指摘しています（二〇一六年参議院予算委員会での質疑）。このように、一方で、富める者はますます富み、他方で、貧困が広がり、深刻化するという「超格差社会」が生じているのも、「強欲資本主義」「カジノ資本主義」がもたらしたものです。

資本主義では、マルクスが『資本論』で解明したように、資本の論理は、労働者を合理的に搾取します。労働者は、生活を守るための闘いのなかで自らの権利を獲得してきました。だが、今日、新自由主義が横行するもとで、労働者がこれまで獲得してきた権利が次々に奪われるという事態が発生しています。長時間労働、低賃金、非正規雇用や貧困の増大があたり前になってきました。これでは、生活が脅かされ、生活できなくなります。

マルクスは、『資本論』で書いています。「『わが亡きあとに洪水は来たれ！』これが、すべての資本家、資本家国の標語なのである。だから、資本は、労働者の健康や寿命には、社会によって顧慮を強制されないかぎり、顧慮を払わないのである。」

熟読してみて下さい。マルクスのこの文章は、イギリスにおける労働日短縮を勝ち取った経験を総括したところで書かれたもので、資本の論理の本性とともに、きわめて大切なことを語っているのがわかります。資本の論理は、「労働者の健康や寿命」には「顧慮を払わない」が、「社会によって顧慮を強制され」れば、顧慮せざるをえなくなるというのです。

労働運動や階級闘争も、「労働者の健康や寿命」、つまり労働者の生活擁護の運動であり、闘いです。公害に反対する住民運動も住民の生活擁護の運動です。これらが、社会的な声として大きく拡散すれば、「社会的に顧慮を強制」することができるようになるでしょう。資本の論理に抗して、働くものや住民、女性、子供や高齢者、障がい者の生活を擁護する考え方を、私は生活の論理と呼んでいます。それは、安全で平和で快適な生活環境のなかで健康に「よく生きる」（プラトン）ために自らの生活を他者とともに大切にし、他者の生活を自らの生活と同じように尊重しながら、労働生活を含めて、生活を享受する価値的態度のことです。

4 生活の社会化がもたらす光と影

(一) 生活のあり方を根本から変えた社会化

資本主義は、社会的分業を一般化させ、生産力を発展させることによって、生活を物質面で豊かにし、多様化しました。それとともに、近代以前にはほぼ自給自足であった生活を社会化しました。近代社会の大きな特徴のひとつは、生活が社会化されたことにあります。「資本による大いなる文明化作用」（マルクス）と言ってよいでしょう。

生活の社会化は、家庭や生活世界の範囲で営まれてきた日常生活が、より外の世界とも交わりながら社会的に営まれるようなったことを意味します。近代の社会的分業や生産力の発達がそれを後押ししてきました。

生活の社会化で特徴的なのは、家事が家電製品の普及によって省略化されるようになってきたことです。その結果、家事に縛られてきた主婦の活動領域を広げ、女性の社会進出を促しました。夫が家事にかかわり易くなり、夫婦で協力して家事をこなす可能性がつくり出されました。

それだけではありません。生活が、活動面でも、生活のあり方でも、多様化しました。生活のあり方は、趣味やファッション、価値観、考え方によって、身に着けている衣服も、住まいも、食生活も、個々人によって変わってきます。多様で、個性的になっています。また、活動の多様性は、余暇の時間の使い方に端的にあらわれます。趣味に生きるか、スポーツをいそしむか、ボランティアなどの社会活動、あるいは組合活動や政治活動に没頭するかは、個々人によってかなり異なってきます。交通手段や通信手段の発達は、日常かかわっている生活世界を飛躍的に拡大させ、活動の領域をグローバル化しました。マルクスは、「時間による空間の圧縮」と特徴づけています。

生活の多様化は、個々人が自分らしい自らの生き方をそれぞれ追い求めた結果です。それが、各人の個性をかたちづくることになりました。個性が豊かに開花するのは、生活の社会化のもつポジティブな面です。それが可能になってきたのも、社会的分業や生産力の発展、価値観や考え方の多様化があるからでしょう。

同時に、それは、ネガティブな面と絡みあっています。

一つには、生活がますますお金に縛られるようになってきたことです。旅行に行きたくても、お金がなければ行けません。生活の社会化は、お金のかかる生活を意味します。生活活動の領域が広がれば広がるほど、資本主義的市場の網の目に組み込まれることになるからです。

もう一つは、生活の社会化が逆に、他者とのつながりを希薄なものにし、孤独な個人を生み出すようになってきたことです。社会的孤立の状況を調べたOECD（経済協力開発機構）の統計でも、日本は、人と人のつながりがOECD諸国のなかでもっとも低いと言われています。かつては、家族団らんの場でもあった食生活が大きく変わり、生活の社会化のなかで、外食や中食、個食・孤食がいちじるしく増えました。ファーストフード化するようにもなりました。

余暇の過ごし方でも、友達や仲間と一緒に楽しむよりも、自分だけの世界に没頭するような傾向も生まれています。私生活主義と呼ばれています。その最たるものは、コンピュータやゲームなどのヴァーチャルな世界に埋没した生き方でしょう。ヴァーチャルな世界も夢をはぐくみ、想像力を高めます。だが、ヴァーチャルな世界に閉じこもり、ヴァーチャルな世界を現実世界と取り違えてしまうのは、人間や社会にたいする一人よがりな見方を助長させることにつながりかねません。人間は、社会に出て、多くの人と交わるなかで、いろいろなことを学び、人間として成長するものだからです。

（二）人間的成長を促す生活の社会化

生活の社会化は、学び（学習）の機会を増やすことになります。学びは人間的成長を促すものです。人間的成長とは、身体的、知的・精神的諸能力を高め、社会なかで人間性をもった人格としてふるまいうるようになることを意味します。人間的成長を促すことが教育の目的になりますが、教育現場でおこなわれているのは、知識の偏重や受験教育に偏りすぎた教育といってよいでしょう。

学びは、自ら自発的・主体的におこなう教育です。学校教育でも、学びは大切です。本を読んだり、映画やテレビ、インターネットなどの映像を見ることも、知らなかった世界を間接的に経験したり、自分とは異なった歴史や文化をもった他の民族や国々、人びとを知り、理解できるようになります。

学びは、生活の社会化のなかで大いに育まれます。社会的経験は、多くのことを学ぶ機会となるでしょう。成功からも、失敗からも、学ぶことができます。学ぶことによって、人間的に成長していくこともできます。人間的成長の可能性は老いも若きも同じです。

学ぶとは、知らなかったことを知ることを意味します。知らないことを学ぶのは楽しいものです。未知なことには、好奇心がわきます。自然科学者は、自然の不可思議、未知なものを解明しようと研究しています。それを支えているのは、研究者の好奇心でしょう。

自然科学に疎くても生活できますが、社会認識の場合は、そうはいきません。社会のありようは、自らの生活と深くかかわっているからです。社会認識にかんしては、研究者まかせにしてはなりません。すべての人が経験レベルで何らかのかたちで社会認識にかかわっていますが、より深く理論レベルでも、社会にたいするしっかりとした眼をもつべきでしょう。とくに「ポスト・トルース（真実）」の時代とささやかれる今日、「フェイク（偽りの）・ニュース」「オールタナティブ・ファクト（もう一つの事実）」といった偽りの情報に踊らされないためにも必要なことです。

社会認識では、二つのことが大切になります。

一つは、社会をシステムとして、構造的に認識することです。これは、社会科学の課題です。マルクスが一貫して追求した課題でした。なぜ、貧富の格差がこれほどまでに生じるのか、立憲主義をも踏みにじってなぜ戦争法（安保法制）が強行されたのか、その理由が分かります。

もう一つは、異質なものを学ぶことです。地球上には、異なった歴史や文化をもった多くの民族、多くの国家が存在しています。七三億人もの人々が働き、生活しています。その実態を学ぶことは、日本の歴史や文化とは異なった異質なものを学ぶことになります。でも、彼らも、同じ人間として生活しているのです。そのことを学ぶことは、人間の生活や文化の多様性、人間の生き方の多様性を理解し、尊重することにつながるでしょう。自らの生き方に刺激を与えることにもなります。ヘイト・スピーチのような排外主義は、自らを相対化して見る眼をもつことができずに、同質的な殻に閉じこもり、多様性を尊重することができないところから生じます。

5　アソシエーションが織りなす世界

(一)　アソシエーションの運動がもつ可能性

二〇一六年九月一九日、戦争法が強硬採決されました。戦争法に反対する運動は今も続いています。「アベを倒せ」のスローガンのもと、立憲主義の旗を掲げ、政治の根本的変革を求める選挙運動としても取り組まれています。

　戦争法に反対する運動は、これまでとは際立った違いがあります。一九六〇年の安保条約反対運動のときの主役は、労働者・学生・市民でした。労働者をまとめたのが労働組合、学生をリードしたのが全学連でした。知識人や文化人は市民として参加しました。

　戦争法に反対する運動で国会周辺に駆けつけた人たちは、大きな組織による動員というよりも、家族で、親子で、友人や恋人同士で三々五々集まってきた人たちです。個人の意思で集ってきた人たちです。ふつうの市民でした。「ＳＥＡＬＤｓ《シールズ》」や「学者の会」「ママの会」でした。労働組合の旗もありました。立憲政治を踏みにじっても戦争できる国につくり変えようとする戦争法に反対する人々の怒りの結集です。

　従来、労働運動と市民運動は、別個のものと考えられてきました。労働組合運動は、労働者の団結が最大の武器になります。組織的に意思統一し、組合員を動員して闘います。市民運動は、個人一人ひとりが自覚的に市民として運動に参加します。表面的な運動形態だけを見れば、両者はかなり異質なように見えます。

　だが、労働者も市民です。あれか、これかではありません。市民運動の場合は、その運動に参加する市民は一人ひとりが自覚的に結集しますが、何らかのかたちで結集母体が生まれます。労働運動の場合は、労働組合が要求実現のために、組合員を動員して組織的に闘いますが、その場合も、労働者一人ひとりの自覚した結集が大切になります。どちらの場合も、運動母体の内実をみれば、自立したメンバー一人ひとりが自由に自覚的に結集しているのがわかります。それが形骸化すれば、運動は衰退するでしょう。労働組合の場合であれば、請負主義や官僚主義がはびこりますし、市民運動の場合であれば、自然消滅することになります。

労働組合運動も市民運動のどちらも、アソシエーションの運動です。アソシエーション（連合化・連合体）は、特定の目的をもって個々人が自由に集う連合・連合体です。「学者の会」は、英語表記でAssociation of Scholarsとなっています。目的も「安全保障関連法に反対する学者の会」と、正式名称のなかで明確にしています。

マルクスは、階級闘争でも自立した自由な諸個人のアソシエーションを重視していました。アソシエーションは、協同すること、協同社会、連合体、連合化などと訳されていますが、マルクスでは、アソシエーションを、おおむね、協同して運動することと互いに協力して協同社会をつくることとの意味で用いていると思います。『ドイツ・イデオロギー』では、自立したメンバー一人ひとりが自由に自覚的に結集する「自由な諸個人の連合化」が語られています。この連合化は、アソシエーションのことです。自由な諸個人とは、労働者一人ひとりを指しています。マルクスは、自立した労働者の運動を「アソシエートした諸個人」の運動とみなしました。そして、その運動の先に、将来社会を見すえていました。

『共産党宣言』では、共産主義社会を念頭におきながら、「階級と階級対立のうえに立つ旧ブルジョア社会に代わって、各人の自由な発展が万人の自由な発展の条件であるような一つのアソシエーションが現われる」と書かれています。その担い手は、「アソシエートした諸個人」です。

将来社会のアソシエーションと運動としてのアソシエーションとはどのようにかかわっているのでしょうか。運動としてのアソシエーションは、お金に縛られ、お金という物象に依存した結びつきではありません。労働組合の場合は、資本の論理に対抗し、対決していますし、市民運動の場合も、ボランティア活動も含めて、お金とは無縁な地平で取り組まれる運動です。

資本の論理にもとづかない運動や人格的人間関係は、将来社会における個人一人ひとりの活動や人格的人間関係につながっていきます。「アソシエートした諸個人」による運動は、活動や人間関係において将来社会を育む胎盤であり、理念的に将来社会を先取りするものといえるでしょう。

市民運動、それを担う市民団体には、いろいろなものがあります。平和運動や住民運動、公害反対運動、生協運動、ボランティア活動など、さまざまです。NGO（非政府系組織）の活動や運動といってもよいでしょう。いずれも資本の論理とはかけ離れた目的や課題を掲げて活動し、運動しています。NPO（非営利団体）や社会的企業なども含め、「自由にアソシエートした諸個人」による活動や運動は、いずれもアソシエーションの運動です。それは、資本の論理に縛られないもう一つの生き方を求める運動といってもよく、そのうちに、将来社会の萌芽を読み取ることができるでしょう。

(二) 自立した自由な個人が創るアソシエーション

自由にアソシエートする諸個人を結びつけているのは、拝金主義的価値観ではありません。互いにかかわる周りの人たちを自立した自由な個人として尊重し、リスペクト(尊敬)する態度です。これは、近代的個人のポジティブな価値観を継承したものです。しかし、近代資本主義は、役に立つものだけを価値あるものとみなす功利主義的価値観をもはびこらせてきました。あらゆることがらを金儲けの手段にしてしまう資本の論理に好都合な価値観だからです。

カントは、近代的人間観として「人格における人間性をつねに同時に目的として使用し、けっしてたんに手段として使用せぬように行為せよ」と語り、人間の尊厳、人格の尊厳を主張しました。カントのこの考えは、近代的人間観の理念を簡潔に定式化したものです。しかし、近代の資本主義的市場の特徴は、売り手と買い手にとってお金や商品こそが目的であって、他者は目的を達成するための手段になっているところにあります。他者は、金儲けのための手段とみなされます。売り手も買い手も自由にふるまい、他者を互いに手段とみなすのが平等であるというのが、資本主義的市場です。マルクスは、資本主義的市場を念頭において、「自由、平等、所有、そしてベンサム」と書きましたが、ベンサムは功利主義の代表者です。カントが他者を人格として、目的として尊重したのとはまったく異なります。

資本主義的市場を動かしているのが、資本の論理です。それは、利潤を最大化することを最大、唯一の目的とし、そのためには人間をも手段化します。企業の会計がしばしば派遣労働者を人件費ではなく、物件の品目で計上する異様な事態が起きてきたのも、労働者を手段としてだけとらえて、人権を無視しているからです（政府も、国会でこの異常さを認めざるをえませんでした）。

運動としてのアソシエーションは、資本の論理とはまったく無縁です。目的や課題を掲げてともに運動に参加するメンバーは、自立した自由な個人として相互にリスペクトされています。目的に共感して集い、活動や運動をおこなうなかで、アソシエーションのメンバーは共感の度合いを強め、連帯していきます。それがなければ、運動としてのアソシエーションは成立しません。

アソシエーションにかかわる個々人は、目的や課題の一点をのぞけば、価値観も多様であり、趣味やファッションも異なります。それぞれに豊かな個性をもっています。人間の尊厳を認めない価値観は受け入れることはできませんが、それ以外では、価値観の多様性はむしろ望ましものです。趣味やファッションを含めて価値観がまったく均一であるような人間像は逆に無気味さを感じます。自立した自由な個人という近代的理念は、価値観の多様性やそれぞれの個性を尊重し合うということと重なり合っています。

社会運動や政治運動においては、運動を効果的に成功させるために異なる諸団体の共闘が大切になります。小異を捨てて大同団結するということがなければ、共闘はできません。これは、共闘の一丁目一番地でしょう。諸団体・諸個人相互の多様な価値観を尊重し、互いにリスペクトし合わなければ、共闘はうまくいきません。脱原発の運動でも、戦争法に反対する運動でも、沖縄の基地撤去の運動でも、共謀罪に反対する運動でも、一点共闘が重視されています。一点共闘がなぜ成立するのかといえば、大義にもとづいているからです。大義のためには、一点共闘では、小異を捨てて大同につくだけではなく、大異をも捨てて一点で大同団結する覚悟が大切になります。意見や価値観が異なるより多くの人々が結集しているわけですから、一つの目的のために、意見や価値観の違いを互いに認め合い、互いにリスペクトしあえる関係をつくっていかなければ、一点共闘は成功しないでしょう。そのための度量も必要になります。

(三) 寛容の精神についても一言

価値観の多様性を尊重するのが、寛容の精神です。寛容の精神も自立した自由な個人という近代的理念と結びついています。寛容の精神の意義を訴えた人に、一八世紀のフランスの啓蒙主義者、ヴォルテールがいます。彼は、「カラス事件」にかかわるなかで、寛容の精神を掘り下げました。

カラス事件は、一八世紀中ごろに南フランスの小村で起きたえん罪事件です。プロテスタントのジャン・カラスがカトリックに改宗した息子を殺したとして、車裂きの刑に処されました。その後、カラス事件を知ったヴォルテールは、父親のえん罪を晴らすために奔走し、父親の処刑後、再審で無罪を勝ち取りました。この事件は、カトリック側の不寛容な狂信による迫害が背景にありました。当時、ヴォルテールは、友人たちに送った手紙の末尾で、「卑劣なやつを叩きつぶせ」と書き添えました。それを見てもわかるように、ヴォルテールの語る「寛容」は、不正義にたいする不寛容を前提に、立場や宗派の違いをのり超えて、互いに認め合おうとすることを訴えたものです。

寛容の精神は、人間の尊厳やヒューマニティ、正義にもとづいた寛容であるべきでしょう。

ヒトラーの非人道的な残虐行為に寛容であることはできないはずです。民族や文化、価値観の多様性を拒むヘイト・スピーチにも寛容であることはできません。寛容の精神を認めない不寛容に、寛容であることはできないでしょう。正義に反するからです。その大本の一致さえあれば、個々人の考え方や意見の相違、価値観の多様性を認めあい、大切にするのが、寛容の精神です。大義にもとづいた運動は、寛容の精神にあふれています。

安倍晋三首相も、二〇一七年の通常国会の施政演説で、「寛容の大切さ」について語りました。「日本と米国は、和解の力により、強い絆《きずな》で結ばれた同盟国となりました。世界では今なお争いが絶えません。憎しみの連鎖に多くの人々が苦しんでいます。その中で、日米両国には、寛容の大切さと和解の力を示し、世界の平和と繁栄のため共に力を尽くす責任があります」、と。

戦争をできるようにする安保法制を「国際平和支援法」「平和安全法制整備法」と言い換えているように、安倍首相は、抽象的な美辞麗句で現実を覆い隠し、正反対のことさえも言い含める言葉使いをもっとも得意としています。彼が、「寛容」といったからといっても、惑わされてはならないでしょう。実際に、「世界で」アメリカと安倍政権がおこなっているのは、力の論理にもとづく政策だからです。寛容の精神ではありません。支配者や権力者が寛容について語っても、「隷属を継続させるための手段」になっていると批判したのはマルクーゼですが、その通りだと思います。もう一言つけ加えれば、マルクーゼは、権力者の横暴にも寛容である態度を「純粋な」寛容と呼んで、批判しているのも重要です。寛容の精神は、あくまで正義やヒューマニティにもとづいて語られなければなりません。

大義やヒューマニティに支えられた運動では、考えや意見の相違、価値観の相違を尊重し合う寛容の精神はとても大切になります。寛容の精神をもって共に活動するなかで、共感の感情も生まれ、強まりますし、活動のなかで互いの認識も変わり、深化します。それだけではありません。価値観も変わってきます。連帯の意識も芽生え、強まります。こういう変化は、相互に、内発的に起こるものです。一方だけが変わって、他方が変わらないということも、参加メンバーだけが変わって、リーダーが変わらないということもありえないでしょう。共産党の志位和夫委員長が「私たち自身も変わらなければならない」と語ったことは、とても意義深いものがあります。

6　疎外をのり超えて

近代資本主義は、ポジティブな面とネガティブな面を抱えています。両者は、絡み合っています。これが、疎外です。疎外をひき起こすのは、資本の論理であり、お金にまといつかれた物象化ですが、これも、疎外の一つです。しかも、疎外された労働や生活をひき起こす根本的な疎外です。

疎外のもとでは、自分らしさ、人間らしさが失われます。疎外を克服することは、失っている自分らしさ、人間らしさを取り戻すことになります。疎外された自分とは異なったもう一つの生き方を求めることにつながります。

マルクスは、近代の原理となった自立した自由な個人の活動を尊重しました。それが、封建的な楔を打ち破り、市場を活性化させ、資本主義を発展させる原動力になりましたが、資本の論理は、自然を収奪し、労働者を合理的に搾取し、人格をも金儲けのための手段とみなします。近代社会は、こういった根本的矛盾を抱え込んでいました。マルクスが思想的におこなったことは、自立した自由な個人の尊重という近代的理念を継承しながら、近代社会が生み出したもう一つの原理である資本の論理と闘ったことです。

マルクスにとっては、資本の論理と闘う運動が疎外をのり超える、自立した自由な諸個人のアソシエーションの運動でした。そして、かれは、その運動の先に、将来社会のアソシエーション（協同社会）を見据えていました。アソシエーションのなかで、そしてアソシエーションをとおして、自立した自由な諸個人が自らの能力や個性を全面的に発揮し、発展させること

――このような社会を、マルクスは将来の共産主義社会として構想したのです。

参考文献

マルクス『資本論』
吉野源三郎『君たちはどう生きるか』
牧野広義『「資本論」と変革の哲学――人間らしい社会をめざして』（学習の友社、二〇一七年）

人間にとって教養とは？

——人間の「類的本質」の実現

村瀬裕也

1 「教養」の今日的課題

(一) 「教養」と「教養主義」

「教養」という言葉は、現在の日本において、多くの人々にどのように受け取られているでしょうか。一般的には、それが悪い意味に解されることはないでしょう。豊富な学識を有し、文化や芸術に造詣が深く、社会的な重要問題には専門を越えた見識を示し、その諸課題への実践的参加を惜しまず、事柄の処理に当たっては自己中心性を排した公正な態度を堅持する、──そのような人物を「教養ある」人物として賞賛し、その人格に体現された「教養状態」に好意的な評価を与えることは、少なくとも建前上は、常識または良識に適った判断と見なされるに相違ありません。

とはいえ、他面では、教養というものに抑々《そもそも》まったく無関心であったり、それればかりか教養と聞いただけで反撥を感じたり、いわゆる「教養人」なるものに違和感を覚えたりする向きも少なくないようです。それには、長時間労働を軸とした多忙な日常に追われて、教養などという悠長なものに付きあう余裕がないという実情も影響しているかも知れません。しかし日本における教養の受け止め方には、そうした日常的感覚以上に、この問題をめぐる大正期以降の特殊事情、いわば近代日本の社会史的文脈のもとでの特殊事情が絡んでいると思われます。それはつまり、大正期（一九一二〜一九二六）以降、教養の理念が主としていわゆる「教養主義」の潮流と結びついて展開されたということです。そして教養主義と言えば、周知のように、旧制高校生に典型を見るような高学歴青年層のエートスとして、大衆文化から分離した、高踏的性格の強い「エリート文化」への志向を意味しました（他方、大衆文化と結びつき、最初は立身出世主義と、そしてやがてはファシズムや軍国主義と結託したのは、いわゆる「修養主義」の潮流でした）。

ここからして、戦後においては、恐らく三方から、——一つはエリート主義を排斥する民主的勢力の立場から、次にマス・メディアの大規模化と結びついた大衆文化の立場から、第三に大企業など支配層の要求する実利主義的・効率主義的な労働力配置論の立場から、それぞれまったく別の理由と動機に基づいて、「教養主義」の余薫《よくん》を漂わせた教養理念を退け、それに伴って「教養」一般を疎《うと》んずる傾向が生じたことは、ある意味において自然の成り行きであったに違いありません。

（二）「教養」をめぐる教養主義とマルクス主義

とはいえ、第二および第三の立場は別として――これには我々自身も敵対的ですから――、第一の立場、すなわち戦後民主主義の立場に棹《さお》さす人々が、教養主義のもとで培われた教養理念の有する美点に充分の顧慮を払って来なかったのは、いささか軽率・疎慢の誹《そし》りを免れないのではないでしょうか。というのは、教養主義の教養理念には、国家や民族の呪縛から相対的に自立した普遍的な人間性を志向し、人格に内在すべき知性・徳性・審美性の自律的な形成を重視する傾向があり、そのことが自由主義のみならずマルクス主義を受容し普及する土壌ともなったからです。つまり教養主義における「開かれた」精神は、或る意味において学問や思想としてのマルクス主義の成立基盤であり、それが時を前後して澎湃《ほうはい》として興った労働運動や農民運動と呼応しつつ、プロレタリア文学を始めとする人民の文化、それ故にまた人民の「教養」の醸成に一役を演じたことは周知の通りです。

ところで、教養主義――およびその余韻を響かせる「教養」理念一般――とマルクス主義との呼応関係が右派系列の論客によって感づかれ、重大視されたことは、逆説的な意味で痛快至極と言わなければなりません。すなわち日本帝国主義の侵略戦争を正当化する「自由主義史観」を標榜したグループの一人・西部邁は、『国民の道徳』と銘打った分厚な書物を著して、民主主義・進歩主義・福祉国家論・平和主義・ヒューマニズム――つまりは人間を手段化する「資本の論理」に対抗する一連の思潮――に対する嫌悪を表明、マルクス主義と教養主義とを並べ、こうした思潮の代表格として槍玉に挙げています。このことはしかし裏から見れば、この種の右派勢力と闘い、真実のヒューマニズムに立脚した人間の解放と人類の実現に取りくむ上での、教養という領分のアクチュアルな位置と性格、その今日的な課題と使命を示唆しているように思われます。――そして右派的潮流とは逆に、従来高踏的な教養理念に対しては批判的であったマルクス主義の陣営から、たとえば岩崎允胤の近代思想史研究のように、安倍能成の「自由主義」や阿部次郎の「人格主義」など、教養主義の申し子とも言うべき思想を再評価する見解も生まれていることは、今後の展開が望まれる思想の在処《ありか》を照らすものとして注目されます（『日本近代思想史序説』明治期後編・下）。

2　専門と教養

(一)　職業陶冶と一般陶冶

一般に教養が問題となるのは次のような場合です。例えば、ある企業の従業員は、現場労働者であったり事務職員であったり、あるいは設計士であったり旋盤工であったり、等々、様々な職種に分かれ、それぞれの領分の「専門家」として仕事に従事します。しかし彼らが労働組合に加入し、組合員として活動する場合には、事務職員とか旋盤工とかの区別を離れ、同じ一個の労働者としての共通の地盤に立たなければなりません。その際に要求されるのは、特殊な専門的知識・技術ではなく、およそ労働者である限り誰もが体得すべき「一般的な」資質、労働者に相応しい知識・見識・品性です。こうした「一般的な」資質に係わる領域こそが、まさしく「教養」の権限に属する領域にほかなりません。

社会全体を見ても同じことが言えます。私たちは何ものでもない唯の人間としてではなく、何らかの職業に従事するものとして社会に参加します。しかし私たちは単なる職業人または専門家としてだけでなく、ひとしく人間としての共通の地盤に立ち、人間としての普遍的な課題を担って生きています。平和問題や環境問題は職業や専門に関わりなく、人間にとっての共通の問題でなければなりませんし、非正規の不安定労働やブラック企業による虐使など労働者の直面する問題は、およそ「人間らしい人間」にとっては共通の関心事でなければなりません。ところでこの「人間らしい人間」、つまり「普遍的人間性を具備した人間」の実現は、それ自体として人間社会特有の課題領域をなしており、まさしくここに教養の地平が展望されるのです。

そういうわけで、「職業（専門）」と「教養」との調和的体現こそが人間の理想状態と言ってよいのですが、それが決して円滑に実現されないばかりか、しばしば両者の間に深刻な矛盾が生じること、そしてそのことが社会的に無視できない問題を発生させていることは、教育や人文の歴史の教えるところです。例えば、孤児や貧困家庭の子供たちの教育に携わったペスタロッチ（一七四六〜一八二七）は、これらの児童に市民的自立を獲得させるべく、市民的人間に向けての職業陶冶《とうや》を重視しました。何故なら、もし彼らが何らかの職業人とならなければ、「市民社会のなかで悲惨な堕落した無用の自然人」として生きるほかないからです。しかしながら、ペスタロッチは同時に、この職業陶冶が人間形成にもたらす否定的側面、すなわちそれが必然的に本来の人間自然に対する「奇形化」を伴わざるを得ないという側面を鋭く洞察しておりました。すなわち職業陶冶は、彼によれば、或る意味において人間自然に加えられる「社会的暴行」であり、「社会的奇形化への施術」にほかならないのです（虎竹正之訳『探究』）。というのも、職業陶冶は、人間が素質として具えている多面的な可能性のうち、その職業に適合した一面のみを極度に、かつ偏頗《へんぱ》に発達させ、その代償に他の可能性を抑制または抹殺してしまうからです。それ故、ペスタロッチは一面では半ば悲痛な気持ちでこの犠牲を受け入れましたが、同時にこの偏りを他の手段、すなわち「一般陶冶」によって補正し、否、人格の発達という一層高貴な目的のために、「職業陶冶」を「一般陶冶」に従属させなければならないと考えました。「人類の特殊の状態や境遇における力と智慧との練習と応用とそして使用とは職業陶冶であり職域陶冶である。これは何時も人間陶冶の一般的目的に従属しなければならない」（長田新訳『隠者の夕暮れ』）。職業教育は児童の社会的自立の必須の前提ですが、それがもたらす人間の奇形化、一面的で偏頗な発達に対しては、常に意図的な是正措置が要求されます。それが「一般陶冶」であり、まさしく人間的な教養が主題化される教育の正念場です。ペスタロッチの精神を受け継いで幼児教育の分野を開拓したフレーベル（一七八二～一八五二）もまた、「人間教育」の根幹としての「人間の全体的発達（＝全体的教養）」、すなわち自己の中の「人間性（＝人類性）」の全面的・統一的発達を重視しました（荒井武訳『人間の教育』）。

（二）　ゲーテ、シラー、フンボルト

念のため、教養の問題が真剣に探求された十八世紀後半から十九世紀前にかけてのドイツにおける論議の状況を一瞥しておきたいと思います。先ず「教養小説」の先駆とされるゲーテ（一七四九～一八三二）の二冊の長編、『ヴィルヘルム・マイスターの修業時代』および『ヴィルヘルム・マイスターの遍歴時代』を見ますと、両者とも貴族と市民との間に差別が設けられ、全体としての人品（＝人格性）に係わる「一般的または個人的な教養」が与えられるのは貴族のみであって、市民はひたすら一つの仕方で役に立つための「個別的な能力」を習得しなければならないとされていますが、しかしそれでも『修行時代』では、市民出身のヴィルヘルムでさえ、自己の本性の「調和的完成」への已みがたい要求を有し、それが許される唯一の領域、すなわち身分に関係なく自己の輝ける個性を発揮できる演劇の領域に修行の場を見出します。しかしこの作品から三二年を隔てて刊行された『遍歴時代』になると、そうした「多面的教養」は後景に退き、「役立ち」の価値に支配された「一面性」の陶冶が正面に登場します。全面的・一般的な教養の時代は去った、今や「一面性の時代」だ、人々は「特殊なもの」の熟達に専念しなければならぬ、全面性への要求を放棄した「諦念の人々」こそがこの時代の主人公

だ、というのが、老ゲーテの半ば哀愁を帯びた達観でした。——とは言うものの、ここでの「特殊なもの」、つまり職人的な「手仕事」、分業によって課せられた「専門性」は、それでもなお多面性・全面性の「比喩」として行ぜられる「一面性」にほかなりませんでした。そこには、特殊性は一般性・普遍性の具現にほかならぬという老ゲーテの確信が籠められていたのです。「普遍的なものと特殊的なものとは一致する。特殊なものとは、異なる諸条件のもとに現れる普遍的なものである」。

ところが、ゲーテの年下の盟友シラー（一七五九〜一八〇三）の観察に従えば、当時進行しつつあった階級分化・職域分化・専門分化において突出した「一面性」は、もはや「一般性」「全面性」の「比喩」としての性格を失い、人間の断片化と偏頗化、ひいては人間性そのものの破壊と頽落《たいらく》に繋がる様相を呈していました。そこで人間性の回復と実現、つまりは人間の「教養」という課題は、職業陶冶とは場面を画した領分に設定されなければなりませんでした。シラーが「必要の強制」「目的の束縛」、つまり卑近な結果への「役立ち」という規範から解放された領分、すなわち「美しき仮象」に戯れる純粋に人間的な活動たる「遊戯」——「人格＝形式」と「状態＝感性」との分裂の止揚、統一の回復——の領分にその任務を託したことは周知の通りです（『美的教育に関する書簡』）。

シラーの提言の是非はともかく、ここに職域的な目的拘束性から自由な——「最も高貴な目的の統一」たる――「人間性の概念」を指標とするフンボルト的な教養理念、つまりは人文主義的な教養理念の眺望が開けていることは確かです（『人間の教養の理論』）。これを一種の「観念論」として断定し去ることは出来るかも知れない、とは言え、――わがマルクスもまた、かの膨大な『資本論』三巻の終わり近くで次のように語っていることを忘れてはならないでしょう。「この（＝必然性の）王国の彼岸で、それ自身を自己目的とする人間的な力の発達が、真の自由の王国が……始まる」。人間における、真に人間たるに値する「力の発達」それ自身を「自己目的」とする見地に、人間の「全人的―調和的な自己形成」を趣旨とするフンボルト的な教養理念が、それ故にルネッサンス以来培われてきた人文主義の魂が、人類の歩みへの篝火《かがりび》となって光芒を放っているのではないでしょうか。

（三） 教養を守る課題

職業と教養とが生活過程のなかでバランスを保ち、双方の能力がバランスよく発達し、総じてバランスの取れた人格の発達が実現されることが望ましいのですが、現在の日本の状況を見ると、功利主義と競争原理に煽《あお》られた職域主義・専門主義が圧倒的な勢力を誇り、人間の普遍的教養に資すべき領野を侵蝕しています。――教養問題は、今や人間を守る闘いの重点課題の一つといわなければなりません。

現在暴走を続けている安倍政権のもとで、国際競争力の強化に繋がる分野の拡充と引き換えに人文科学や社会科学の縮小が画策され、また防衛省が資金提供する「安全保障技術研究推進制度」の公募開始によって、大学その他の研究機関を軍事研究に誘導する企てが着手されました。専門主義・職域主義に囚われた頭脳にはこうした動向に抵抗する志操がありません。——私たちはどんな場合にも次のことを忘れてはならないでしょう。

例えば、医師を職業に選ぶ場合、まずはその道のプロとして、医学的知識に精通し、医療技術に熟達しなければなりません。しかし医神アポロの前にヒポクラテスの誓いを立てるのは他ならぬ教養的知性の良心です。

また例えば、原子核の研究に従事するには、それこそ余人の近寄りがたい専門的な知識と技量を要求されるでしょう。しかし札びらの誘惑を撥ねのけて一切の軍事研究を峻拒するのは飽くまで教養的知性の良識にほかなりません。

3　人間の「類的本質」と人間形成

(一)　人間の「類的本質」

「教」とか「養」とかいう漢語はもちろん古くから存在しましたが、現在私たちが用いる「教養」という熟語は、もと「形成」を意味するドイツ語の〈Bildung〉の訳語として定着したものです。このことは私たちの当面の考察にとって極めて重要な示唆を含んでいます。というのは、「形成」、――つまりは「教養」ということが、人間存在の根本的理法に係わっているからです。

人間は生まれたときから、いわば生得的に、「人間らしさ」を具備した存在ではありません。人間としての人間、つまり「人間らしさ」を具えた人間は、人間自身の活動――「形成的」活動――の産物として初めて成就されるのです。したがって人間にとって人間は、単なる「所与」ではなく、まさしく「課題」であり、このような課題的存在としてのみ人間はその人間的な「生」を営むことが出来ます。――ここには、私が旧著のなかで掲げた、人間の本源的な特徴に関する簡明な定義を再録しておきましょう。

「人間は、他の動物と異なり、単なる自然的存在、すなわちその所与においてすでに人間であるような存在ではなく、特定の環境条件のもとでの自己自身の――個人的並びに共同的な――活動を通して、自己を後天的に人間として産出し形成していく社会的・文化的な存在である」(『人間と道徳』)。

この観点から特に注目されるのは、マルクスにおける「類的存在」としての人間の把握です。先ずその点を次の文章において確認しましょう。

「……生産的生活は類的生活である。それは生活を産出しゆく生活である。生活活動の仕方のなかに、一つの種の全性格、それの類的性格が存する。そして自由な意識的活動が人間の類的生活である。生活そのものが生活手段としてのみ現れる。

動物はその生活活動と直接に一つである。動物はその生活活動と区別されない。動物はその生活活動である。人間は彼の生活活動そのものを彼の意欲および彼の意識の対象とする。人間は意識的な生活活動をもっている。それは、人間が直接にそれと融合するところの規定性ではない。意識的な生活活動は人間を動物的な生活活動から直接に区別する」(『経済学―哲学草稿』)。

すなわち、人間以外の他の動物の場合、一旦その動物に生まれついたからには、自らの属する「種」特有の生活活動の仕方を脱することは出来ません。彼は自己の生き方を選択するわけでも、自己の理想像を追求するわけでもなく、ただひたすらその「種」に定められた生活活動を営んでいるに過ぎません。ですから、この動物は常にその生活活動と一体であり、いわばその生活活動と直接無媒介に同一なのです。ところが人間の場合には、自己の生活活動そのものを対象として意識化し、そこに歓びや悲しみ、肯定や否定を見出し、その課題を自覚し、それを個人的にも社会的にも一層有意義なものに変革しようとします。つまり所与の生活活動に呪縛されず、逆に新たな生活活動そのものを自ら産出していく生活を営むわけですから、その営みの本質が「自由な意識的活動」にあることは論を俟《ま》たないでしょう。――マルクスは、こうした独自の活動を営む主体としての人間を、「種的存在」として規定される他の動物から区別して、特別に「類的存在」と呼んだのです。

(二)「対象化―脱対象化」における人間の自己産出

では、人間の活動はどのような仕方で営まれるのか。――まず典型的な一文を見ましょう。なおこの文章はヘーゲルの『精神現象学』の解釈として述べられたものですから、ヘーゲルの見解の紹介のような体裁になっていますが、それに託したマルクス自身の意図は充分斟酌《しんしゃく》できるでしょう。

「ヘーゲルの『現象学』とその最終成果――運動させ産出する原理としての否定性の弁証法――における偉大さは、かくて先ずは、ヘーゲルが人間の自己産出を一つの過程として、(つまり)対象化を脱対象化として、外化を外化の止揚として捉えること、従って彼が労働の本質を捉え、対象的な人間、現実的なるが故に真実なる人間を、彼自身の労働の成果として把握することである」(『経済学―哲学草稿』)。

分かりやすくするために、一つの労働過程を例に取りましょう。巨大な石塊を前にした一人の彫刻家――ミケランジェロでも誰でも構いません――を想像してみて下さい。彼の脳裏には、そこに刻まれるべき像――例えば、自由都市フィレンツェの理念を象徴した凛々しい青年の姿――が、差し当たりは観念またはイデアとして存在してはいるでしょう。しかしそれが単なる内面性に止まっている限り、彼はいまだ彫刻家としての活動を営んでいるわけではありませんし、彼自身いまだその作品の作者として誇れる彫刻家ではありません。彼は内なるものを外なるものに実現すべく、鑿《のみ》を取り、槌《つち》を揮《ふる》って、一打々々石塊に刻みを入れて行きます。この場合、外なる対象に働きかけることは、同時に内なる自己自身に働きかけることを意味します。換言すれば、芸術品としての作品の制作過程は同時に芸術家としての彼自身の形成過程でもあるわけです。

この彫刻家は、こうして彼の内なるもの、つまりいわば「彼自身」を作品において「対象化」します。完成した作品は、さしあたり自己の外に形成されたものとして、自己に対して「対象性」をもちます。しかしそれは飽くまで自己自身の対象化の結果、否、そればかりか、辛苦に満ちた制作過程を通して磨かれた自己自身の対象化の結果ですから、制作以前に朦朧と直観された自己自身よりも一層真実の自己自身と言ってよいでしょう。彼はこの「対象性」において、かえって自己自身を確証します（＝自己確証）。ということは、つまりこの「自己確証」において「対象性」は疎遠な「対象性」から「脱対象化」され、再び彼自身の富として、しかも以前よりは価値を高めた富として自己自身に獲得されるのです（＝我が物とする獲得）。そしてその結果は、制作以前よりも一層豊富な内実を具えた彫刻家としての自己自身の実現にほかなりません（＝自己産出）。

これは一つの例示に過ぎませんが、一般に人間とその人間性は、以上のようなサイクルを介しての自己自身の労作の成果として把握されます。通常「達成感がある」と言われる活動は、単に対象を制作するだけでなく、それとともに自己自身の形成が実感されるような活動を指しているど思われます。——私たちが「教養（＝形成）」と呼ぶのは、主として後者の側面、すなわち「人間による人間自身の人間化」活動およびその成果を指しております。

（三）「共同化」における人間の自己産出

以上は取りあえず人間活動における「対象化」の側面に限って論議を進めてまいりましたが、しかし「教養」問題を主題とする以上、それと係わる今一つの重要な側面、すなわち他人間との「共同化」の側面を無視して通るわけにはいきません。これについてもマルクスは重要な発言を行っていますので、まずそれを窺《うかが》っておきましょう。なおドイツ語の原文はかなり複雑なので、ここでは幾分か咀嚼《そしゃく》を加え、簡略化した訳文によって原意を紹介したいと思います。マルクスはまず、我々が「人間として」――ということはつまり「疎外された労働としてではなく」という意味でしょう――生産したと仮定した場合、我々はその生産において自己自身と他者とを「二重に」肯定したことになる、と断った上で、その特徴として次の四点を指摘します。

① 私の生産においては、私の個性、その特質が対象化される。それ故、私は活動の最中には、この活動そのものを生命発現として享受し、そして出来上がった対象を眺める際には、私の人格性を、対象的な、感性的に直観し得る、疑いもなく卓越した力として知る、という個人的な喜びをもつ。

② 私の労働において一つの人間的要求が充足され、従ってその産物には人間的本質が対象化されているから、君がそれを享受したり使用したりする場合には、私は、他の人間的本質の要求にそれに相応した対象物を供給した、という意識を直接に享受する。

③ 君にとって私が君と類との間の仲介者であり、したがって君自身によって私が君自身の本質の補完、君自身の必要な一部分として知られ感じられていること、それ故に君の思惟においても君の愛においても私が確証されていると知ること、――そういう意識を私は直接に享受する。

④ 私の個人的な生命発現において直接に君の生命発現を創出し、私の個人的な活動において直接に私の真実の本質、私の人間的な、共同の本質を確証し実現した、という意識を、私は直接に享受する。(『ミル評注』)。

先には労働における「対象化―自己確証―自己産出」の理法を見ましたが、実はこの過程は生産が終わった時点で完結するのではなく、それが社会に持ち出され、他者の享受に供される時点で初めて完結するのですから、生産者の真の自己確証、すなわち社会的人格としての彼の自己確証はその時点まで引き延ばされなければなりません。――再び先の例を用いますと、もしミケランジェロがその作品であるダヴィデの像を自分のアトリエに隠し、ひそかにその出来栄えを眺めて悦に入っているだけならば、彼は決して充分な意味で芸術家としての確証を得たことにはならないでしょう。ダヴィデの像が公共の場パラッツォ・ヴェッキオの正面に置かれ、公衆の鑑賞に供され、彼と同じく専制主義に反対し自由都市を守ろうとした人々の心に勇気と希望を与えた時点で、彼は初めて、言葉の真実の意味において、芸術家としての自己を確証したことになります。

上文の①～④の項目はそこに含まれる諸契機を分析したものです。すなわち、――①は個人の次元での「対象化」活動の把握であって、内容はすでに詳述した通りです。②以降に「他者（君）」との係わりが問題となります。②では、「私」の対象化たる作品（ダヴィデの像）の提供によって「君」の喜び、「君」の「人間的本質」の実現に寄与したという「私」の意識としての自己確証、③では、「私」の作品を仲介として「類」としての自己に覚醒した「君」による、仲介者としての「私」への評価と承認のうちに表現された「私」の確証、④では、「私」に内在する精神――ここではフィレンツェ市民としての自由独立の精神――の対象化たる「私」の作品への「君」の共感において、「君」のひとしく自由独立を求める精神が発現したことに徴される、双方に通じる「真実の本質」＝「共同の本質」の実現とその意識化としての自己確証、などの諸契機が浮き彫りにされています。

そしてなお注目すべきことは、マルクスがここで、自己の対象化についても、他者によるその成果の享受についても、「人間的本質」という含蓄深い言葉を用いていることです。それは

「所与」としての「自然的本性」を意味するものでは決してありません。人間について語る場合、「本質」と「本性」とを区別することが大切です。「人間的本質」とは、自己および他者の「人間としての産出」——本稿のテーマで言えば、人間的な「教養状態」の実現——を「課題」として自覚し、その課題の遂行に生きることを引き受けた実存としての、人間という存在に特徴的な在り方を示す言葉にほかなりません。

＊

なお言うまでもないことですが、私たちの現実の社会的労働、その大半を占める賃金労働は、必ずしも「類的活動」に見られるような自己達成価値を伴う労働ではありません。私たちの職業選択には大幅の制限がありますし、多くの職場では「目的意識的活動」としての人間活動の性格を喪失した作業、しかもその社会的価値——他の人々の「人間的本質」の実現への寄与——がすこぶる怪しい業務に従わなければならない場合も少なくありません。なかにはブラック企業における虐使や、「死に至る」過密・長時間労働のような陰惨な実例も、現在の日本のかかえる深刻な問題状況を示しております。

そうした労働の実態が非人間的であるのは、単にそれが生理的に苦痛であり、時には生命さえも脅かしかねないからだけではなく、それが本質的に「疎外」という性質を伴っているからです。では何からの「疎外」かといえば、それはまさしく人間の「類的本質」からの疎外にほかなりません。つまりそうした労働においては、人間のまさに人間たる所以の「本質」の実現、より簡単な言い方をすれば、人間の「人間らしさ」そのものの実現が拒まれているのです。

「類的存在」とその自己達成活動についてのこれまでの叙述は、一見そうした現実の惨めさとは迂遠な理想の吹聴のように思われるかも知れませんが、しかしこの点をはっきりと理解することは、現実の労働とそれに制約された人間の状態のはらむ問題性を、単なる表層の——記述的な——事実としてではなく、「疎外」という奥深い根源において解明し把握するためにも、必須の前提をなすと言わなければなりません。それはまた人間的教養の正念場である「自由時間」の把握のためにも重要な示唆を与えるでしょう。

4 「時間使用」の問題——人間の教養化(人格の形成)の土台として

(一) 時間感得の長短と充実

人間の形成、つまりは教養化された人格の実現を俎上にのせる場合、それを成り立たせる

「時間使用」の問題を無視するわけには行きません。何故なら、私たちの生活時間がどのような構造をもち、そこに様々な生活課題がどのように配分されているかということは、人格の具体的な価値内容をその上に成立させる土台（＝下部構造）をなしているからです。

人格の状態にかかわる時間といえば、ドイツの作家トーマス・マン（一八七五〜一九五五）は、その中期の傑作『魔の山』のなかで興味深い観察を行っています。スイスの高原に設けられたサナトリウムに紛れ込んだ一人の青年は、そこでの療養生活を通して、人間の「時間感得」と「生活感情」との深いつながりに気づきます。すなわち、生活内容の空虚さや単調さは、一時間とか一日とかの短い時間を引き延ばし、耐えがたい「退屈さ」を感じさせますが、一年とか半生とかの大きな時間量を短縮し、矢の飛ぶような速さで経過させます。これとは反対に、生活内容の豊富さや興味深さは、小さな時間量を短くし、儚《はかな》くさえしますが、大きな時間量となれば、その歩みに幅と重みと厚みとを与え、その進行をゆっくりと経過させます。かくて、――毎日が同じように空虚で単調な日々の連続であったら、それをすべて集めても同じ一日と同然であり、だからそんな日々の連続ならば、百年の一生も蜻蛉《かげろう》の一生のように感得され、瞬時に終わってしまう、ということになります。

トーマス・マンは、療養生活の「退屈さ」とは違って、むしろ多忙ではあるものの、しかし活動の内容が当人にとって関心事とはならい「必要労働」に毎日長時間拘束されている人々の、長期にわたる「大きな」時間量が、それらの人々によってどのように感得されているかについては語っていません。故に私見を以て補足すれば、その場合には、「小さな」時間量は退屈どころではないでしょうが、生涯にわたる「大きな」時間量は、やはり幅と重みと厚みに充実された、満足のいく長さを感得させる時間量ではないと推測されます。悠然たる長さを実感させる「時間の充実」は、そこに記された生活記録が、自己確証としての性格を帯びた——社会的な課題と個人の人生の課題との、社会的な有意義性と個人的な有意味性との統一において生きられた——「意味の生活」の刻印であることによって確保されます。ここでは、時間の経過は、いわば「意味の刻み」の系列でなければなりません。——では、ここに言う「意味の生活」は生活時間のどのような配分と使用によって成立するのでしょうか。

（二）　生活時間の配分と人格の価値状態（教養状態）

一般に人々の生活時間は、休息・睡眠時間を除けば、収入の確保と引き換えに拘束された「必要労働時間」または「拘束労働時間」と、個人的な関心を満たすべく自由裁量に委ねられた「自由時間」とに区分されます。

まず「拘束時間」内に属する人間活動の特徴を見ましょう。私たちは、社会のなかで生存するためには、生活時間の相当部分を勤務先の拘束に委ね、その代償として収入を得なければなりません。ところで、資本主義的生産関係のもとでは、このような拘束のもとでの管理された活動こそが、社会的に生産的な活動の基本をなしているのですが、そこでの活動を「人格活動」の観点から見た場合、「抽象的活動」としての性格を免れません。ここに「抽象的活動」というのは、自己の活動能力を駆使するだけで、活動そのものとしては自己自身の個人的な関心を惹かず、したがって自己にとって自己確証としての性質を具備しない活動を指します。その活動がいかに社会的に必要であっても、それによって生活時間の大部分が奪われるようでは、人格は萎縮し、人格性に相応しい価値状態（教養状態）を確保することが困難になります。

これに対して、「自由時間」内における活動は、個人自身に直接関係し、個人にとっての関心事となるような一切の活動を指します。したがってそれは前項の「抽象的活動」とは異なり、「具体的活動」としての性格を帯びるわけですが、「人格的活動」の観点からすれば、ここでもまた特有の問題が発生します。というのは、資本主義的諸関係のもとでは、社会的に生産的な活動は大方「抽象的活動」の側に吸収されていますから、「具体的活動」の領域に残されているのは、よほど自覚的な課題設定が導入されない限り、社会的に無意義な私事への閉塞か、文化的に低質な享楽への逃避だけ、ということになりかねません（「抽象的活動」「具体的活動」の概念については、リュシアン・セーヴ『マルクス主義と人格の理論』、参照)。

もとより活動時間の以上のような二分割は現実の状況から抽出された両極の類型の提示に過ぎず、その間に様々な混合形態があることは言うまでもありません。「拘束労働時間」内にも随所に具体的性格を帯びた活動が含まれ、また「自由時間」にも「拘束労働」において発揮される労働能力の向上(学習)に充てられる部分があります。しかしこの類別は、時間使用と人格の価値状態(教養状態)との関係を吟味する際には、是非とも念頭に置かなければならない妥当判定の指標であると思われます。

(三)「自由時間」の拡充と「教養状態」の獲得

ではこのような現状にいかに対処すればよいのか。——一つは、近代デザイン美術の先駆者であり、優れた社会主義思想家でもあったウィリアム・モリス(一八三四〜一八九六)が力説したように、「社会的に生産的な」活動、すなわち「拘束時間」内の活動そのものを人間化することです。すなわち彼にあっては、人間的な必要物の生産に携わる「ものを創る喜び」に満ちた労働、「心身の楽しい活動」としての労働(有益な労働)以外の労働はすべて「無益な労苦(toil)」であり、そのような苦行の撤廃こそがあらゆる社会改革の要めでした。モリスの思想は確かに私たちの追求すべき重要な課題の提示を含んでいます。しかし彼の求めた人間化された労働とは、飽くまで「手作業が楽しい仕事」、すなわち彼自身の工房をモデルとした「職人的な手仕事」としての労働であり、近代社会のあらゆる労働に一般化することは不可能でしょう（「有益な労働と無益な労苦」および『ユートピアだより』）。

したがって私たちは、「拘束時間」内の労働の可能な人間化を追求しつつ、それでもなお「拘束時間」そのものの制限を勝ち取らなければなりません。それは次の意味においてです。すなわち、――つとにヘーゲルも指摘したように、私の全時間を他人に譲渡することは私の人格性を他人の所有に委ねることにほかならず、それは端的に奴隷制の特徴を指しますが、近代の雇用関係はこれとは異なり、他人に譲渡される時間に制限を設けるところに成立します。何故ならこのような「時間的制限」によってのみ、私は他人に譲渡された自己の部分（活動可能性）に対する自己の総体性や普遍性、ひいては人格性そのものの「外面的な関係」を獲得し、いわば自己の人格の不譲渡性を確保することができるからです（『法の哲学』、§66）。ヘーゲルの洞察を継承すれば、拘束労働時間の可能な限りの短縮は、その分だけ自己を隷属状態から解放し、個人的ならびに社会的な価値実現の活動に余地を与えることになると断言してよいでしょう。労働運動において時間短縮がとりわけ重要な課題となる所以《ゆえん》です。

では、私たちは「自由時間」をどのような内容で満たさなければならないのか。――人間の時間使用を「経済的見地」からのみ捉える人々、「時は金なり」を信条とする輩《やから》には、「自由時間」は単なる「余暇時間」か「消費的生活時間」、ないしは「ひまな消極的時間」としか映らないでしょう。また長時間労働のもとでの「自由時間」の量的な縮小は、同時にそれの質的な低下をもたらし、それを非生産的な「私事時間」、低級な私的享楽への逃避の場へと頽落《たいらく》させます。「時間使用」のこのような低質化が、人間の「教養状態」、ひいては人格性そのものの萎縮と砂漠化につながることは言うまでもありません。

人間の価値実現という観点からすれば、「自由時間」、すなわち自由裁量によって駆使し得る時間は、決して単なる疲労回復や慰藉的娯楽に費やされる「消極的時間」ではなく、かえってそこで人間の個人的ならびに社会的な「人間化＝教養化」活動が主題的に扱われる「積極的時間」でなければなりません。この問題に思索を及ぼしたマルクスは「自由時間」を「余暇時間であるとともにより高度な活動にとっての時間」と規定した上で、「一般に社会の必要労働のある最低限の縮減」には「すべての諸個人のために遊離された時間と創造された手段とによる諸個人の芸術的・科学的等の教養が対応する」と指摘しました（高橋幸次郎監訳『経済学批判要綱』Ⅲ）。ここで「自由時間」を満たす内容として敢えて「芸術・科学等などの教養」と断っていることが注目されます。また別の個所では、これに社会的意味を加えて、「自由時間」を「人間的教養のための、精神的発達のための、社会的役割を遂行するための、社会的交流のための、肉体的・精神的生命力の自由な活動のための時間」と規定しています（『資本論』第一巻）。「芸術・科学等の教養」による内的充実と「社会的役割の遂行」や「社会的交流」における社会性の実現とが一体となって、個人の、そして社会の「教養状態」、つまり「人間化された人間の状態」が醸成されるのです。

「時間問題」がこれほど重要な社会問題、いわば社会の質的水準にかかわる問題であるにも拘わらず、日本においては、労働運動においてさえ、これまでこの問題に対する扱いがすこぶる粗略であったことは否めません。そしてこのことは人間の「教養状態」の有する社会的意義への軽視と不可分であると思われます。自己の「教養状態」の維持と成長は人間である限りにおける人間の根源的な権利に属します。もし権勢を揮う功利の徒の圧力に屈してこの正当な権利要求を引き下げるとすれば、それは人格性としての自己の価値下落を招くばかりでなく、将来を生み出す主体としての自己の歴史的責務を放棄することに繋がるでしょう。

5 「科学的精神」——教養の上部構造の一側面として

以上において、教養（人間としての人間の実現）の土台としての「時間使用」について縷々《るる》述べてまいりましたが、次にそうした土台の上に成り立つ「教養状態」そのものの内容に眼を向けなければなりません。その大まかな在り方を要約すれば、自らの「系」の内部で「人類の教養史＝人間による人間自身の人間化過程」の歩みを照らす叡智のエッセンスとしての「意味」を紡ぎつつ、それを以て万般の人間活動に批判的に関与し、それらをして真実に人間的たらしめるところの高次の「制御系」として性格づけられます。

私はこの「系」を特徴づける二大支柱を「科学的精神」と「ヒューマニズム」と考えていますが、すでに約束された紙幅を越えており、また「ヒューマニズム」についてはこれまで度々語る機会があった上に、近くまた別の紙面での再論を予定していますので、ここでは「科学的精神」のみを俎上に載せ、結びに代えたいと思います。

＊

科学的精神が自然科学や社会科学などの専門科学をモデルとした精神であることは言うまでもありませんが、しかし社会的な実践主体としての、つまりは教養人としての私たちに要求される科学的精神は、個別的な専門科学の知見から直接に帰結されるものではありません。そのことを証するには、多数の自然科学エキスパートを巻き込んだオウム真理教の凶悪事件を挙げれば充分でしょう。――専門科学を前提とし、そこから科学的精神を引き出すには、そうした科学が人間の営みとして再度反省され、いわば再学問化された上で、専門を越えた人々の共通の叡智として普遍化される必要があります。

科学的精神の性格を明確にするために、先ずこれをその反対物、すなわち非科学的精神と対置してみましょう。非科学的精神の特徴の一つは「現象主義」と呼ばれるものです。それは心が現象にのみ埋没し、心そのものがその自律性を喪失して現象と化した状態、まことに中国明末清初の思想家・王夫之（一六一九〜一六九二）がいみじくも指摘したように、「現象が心を感化して、心には現象のみが存在し、吾が（自律的な）心の認識とは到底言えない」状態を指します（『張子正蒙注』）。なかでも問題なのは、炯眼の哲学者・三木清（一八九七〜一九四五）が指摘したように、戦争のような重要事をさえ「現象的」にし、現象についてその本質への問いをも、本質的な批判をも、現象の蔭に隠して済ます精神です（「戦争と文化」、『三木清全集』第十三巻）。

なお一層悪質なのは、現象の背後に何らかの「化け物」――それが「イデア」とか「太極」とかいった抽象物であれ、「国家」とか「人種」とかいった具体物であれ――を登場させ、それによって万般の現象に意味づけを与えるやり方です。夏目漱石（一八六七〜一九一六）の創造した無名の猫は、人間のこうした傾向を皮肉って、「およそ天地の間にわからんものは沢山あるが意味をつけてつかないものは一つもない」（『吾輩は猫である』）と喝破しましたが、まことに猫の分際ながら天晴れな洞察と言わなければなりません。「わからんもの」の背後にそれの真相とは別個の原因（化け物）を置き、それによって「わからんもの」に恣意的な「意味づけ」や解釈を付与することは、現象の背後の真理、すなわちその本質を探ろうとする知性の営みへの最大の妨害と言ってよいでしょう。なお加えて、昨今の状況の中で無視できないのは、「虚偽の（フェイクな）意味づけ」——例えば、日米一体の武力政策を「積極的平和主義」と誣《し》いたり、労働法制の途方もない改悪を「働き方改革」と偽ったりする如き——が氾濫していることです。

「科学的精神」の第一の要諦は、上記のような浅薄な「現象化」や恣意的な「意味づけ」を排除し、現象そのものの内奥の真理、その本質を究明しつつ、現象を本質の現象として、また本質を現象の本質として「批判的」に吟味し、把握することにあります。そこでは先ず以て「没価値性」の要請に従わなければならないでしょうが、しかしあらゆる「意味づけ」が排除されるのではなく、逆に没価値的に獲得された知識を善き実践、良質の実践に結びつける際の新たな「意味づけ」、すなわちまさしく「教養」という次元における「意味づけ」の創出が求められます。それは職種や専門を越えてあらゆる人々に共通する「良識」を指導原理とする諸学のエッセンスの再編成——諸学のエッセンスの「教養」次元への「再学問化」——に伴う「意味づけ」にほかなりません。「科学的精神」の「制御系」としての役割は、実はこうした新たな「意味づけ」と不可分の関係にあるのです。

この新たな「意味づけ」が、「制御系」としての教養的知性の今一つの柱、すなわち「ヒューマニズムの精神」と直ちに連絡されるであろうことは、およそ予想がつくでしょう。「ヒューマニズムの精神」とは、端的に言えば、人間的なものと非人間的なものとを識別し、前者の実現と後者の排除とを課題として引き受けつつ、同時にこうした課題的存在としての自己の実存性を自覚した歴史主体の精神を指します。本節の冒頭で示唆した「制御系」における叡智のエッセンスとしての「意味」は、実はこの「科学的精神」と「ヒューマニズムの精神」との媒介関係を通して紡がれていくものでした。「教養論」の真の課題はその構造を明らかにすることです。遠からずこの課題を全うすることを約束して、ここでは一先ず擱筆《かくひつ》したいと思います。

参考文献
マルクス『経済学—哲学手稿』（国民文庫）
モリス『ユートピアだより』（中央公論社）
村瀬裕也『人間と道徳』（文理閣）

共同発電・おひさまフェスに集う若者たち

田辺勝義

1　原発事故と未来への模索

地球温暖化が深刻化しており、この対策として有効なのは再生可能エネルギー（以下、再エネ）中心の社会に変えていくことであるとし、自分で再エネを作り出そうという試みもなされるようになっています。ドイツの村、シェーナウの試みや長野県飯田市での取り組みがその一つです。

そんな時、二〇一一年三月一一日に東京電力福島第一原子力発電所が東日本大震災に伴う津波をきっかけに冷却機能が失われ、炉心溶融（メルトダウン）、次いで水素爆発を起こし大量の放射性物質をまき散らすという過酷事故を起こしました。国民は「安全神話」の揺り籠から放り出され放射能汚染に恐怖することになりました。しかし、事故責任者の東京電力や政府はそれまでの手抜きを認めず、事故の過小評価や隠ぺいを繰り返しました。これには、多数の国民が怒りを感じ、原発のない社会、放射能汚染のない生活、再エネ社会が作り出されるべきだと思うようになりました。

そして、その思いを実現せんと学習会やデモなどの運動が活発に展開されるようになりました。ここ川崎でも脱原発の集会とデモが行われました。その一つに「原発ゼロへのカウントダウン.inかわさき」（以下「カウントダウン」）がありました。そして、そこに集った二〇～四〇歳の若者たちにより、原発ゼロという目的の実現のためさらに広い層に訴えるために、いわば「車の両輪」として「原発ゼロ市民共同かわさき発電所」（以下「共同発電所」）は二〇一四年に設立されたのでした。

発電所第1号機通電式①

「共同発電所」の大まかな設立までの経過は、以下のようです。福島原発事故の一年後に「カウントダウン」（毎年三月）が始まり、その中の若い有志が「地域から脱原発に取り組める」「創造的な活動として再生エネの推進」のために「川崎自然エネルギー」を組織し取り組みを始めました。そして、視察旅行や市民団体との交流会、関連する映画会や勉強会を次々と行い、太陽光発電パネルの設置場所の目途もつけて二〇一四年七月に「共同発電所」の設立に漕ぎ着けました。さらに、設立費用の八〇〇万円も集めきり、二〇一五年二月に発電所第一号機の通電式を盛大に行い（写真①）、さらに進んで、その年の九月に「おひさまフェス×星空上映会」（以下「おひさまフェス」）を成功させたのです（詳しくは、文末の年表参照)。

そこではなぜか先のような若者たちが中心になってそのNPO法人は運営されています。「共同発電所」の理事・監事一五名のうち前述の年代の若者が八名という構成は今時珍しいと言っていいでしょう。理事長は三〇歳です。その組織の構成は事業検討部、アート部、政策検討部、イベントチーム、ニュースレター担当などですが、これらも若者が中心を担っています。これは向こう二〇年という契約期間を見通して六〇~七〇歳代の理事は遠慮したという面はもちろんあります。

ただし、中年の会員もしっかりと持てる力を発揮しているのが特徴です。例えば、一号機の建設には約八〇〇万円の費用がかかりましたが、三六人の疑似私募債の出資者により短期間に集められました。これは資金面では五〇~七〇歳台の力によるところが大きいと言えます。また、「おひさまフェス」の時には地元の町会や商店との繋がりが生きましたが、それがあったのは五〇歳以上のメンバーでした。

「未来は青年のもの」とよく言われますが、「共同発電所」作りが急速に進んだその訳がわかれば、どのようにすれば若者が集い、繋がり、さらにその輪が広まっていき、地域や社会を変える力となっていくのか、未来社会を創る主体が育まれるその筋道が見えるのではないでしょうか。それを意識して「共同発電所」の経過と活動を見ていきます。

2　なぜ、どのようにして、どんな人が集ったのか

(一)　原発事故に対する恐怖と怒り

二〇一一年三月一一日に東電福島第一原発が東日本大震災の津波により過酷事故を起こし、使用済み核燃料を中心とする大量の放射性物質を放出しました。この事故で原発の周囲三〇キロ圏内は避難区域になり、二〇万人にも上る人々が被曝を避けるために避難を余儀なくされました。爆発による放射性物質の拡散は広く関東一円に及び、放射性物質を濃く含むプルームは東京に達したと言われています。

地震の際の電源確保の手抜きや非常用冷却電源のディーゼルエンジンを高台に移さなかったことなど、「この事故が人災であることは明らかで、歴代および当時の政府、規制当局、そして事業者である東電による、人の命と社会を守るという責任感の欠如にあった」というのが事故原因に関する「国会事故調査委員会」の結論でした。

この事故で原発「安全神話」は吹き飛んだのでしたが、東電は「想定外」であったと対策の

手抜きの言い逃れに終始し、被曝の危険な状態を隠ぺいしました。他方、原発事業に関連するマスコミや「原子力ムラ」の「専門家」は、「放射能のレベルはすぐに健康に影響するほどではない」とか「混乱を招くから」と甲状腺がんを防ぐ効果のあるヨード剤の配布を止めたりして、被害の過小評価と隠ぺいを繰り返したのです。

しかし、事故の衝撃は特に若者たちに放射能に対する恐怖と将来に対する不安を感じさせ、隠ぺいなどに対する怒りをかき立てたのでした。これが彼らを立ち上がらせた根本的な原因でした。ある理事は、「三・一一前は電気は空気と同じように、ただ当たり前にそこにあるものだった。事故が起きて原発事故が人の営みを根こそぎ破壊する様を見て、なんて危険なものに無知で無関心でいたんだろう」と怒りを込めて述懐しています。また、別の理事は、「国民の命をないがしろにする政府・東電・マスコミの隠ぺい体質のむごさに戦慄が走りました。真実が知りたいと本を読みあさり、もう騙されるものかという思いを強くし、運動に参加したのです」と語っています。

(二)　原発事故に対する怒りが行動へ

実際ほとんどの「共同発電所」のメンバーは、原発がもたらした人災を二度と繰り返させないと覚悟を決めており、再エネこそ最新の技術であると考えていました。原発事故の後全国的に反原発運動が活発になりましたが、川崎でも「カウントダウン」が始まりました。二〇一二年三月のことでしたが、ここに今までにない広い範囲の市民や若者たちが集まりました。そして、この集会が回を重ねるごとにデモでのアピールの仕方などに若者の知恵と工夫が生かされていったのです。いわゆるサウンド・デモの例などです。顔見知りになった若者たちの中で対話が始まっていたのです。

「カウントダウン」に入っていた三〇代~四〇代の人たちはいろいろな市民運動に加わっている人も多くいました。そして、再エネ発電を自分で行うことは脱原発社会のための客観条件を作ると多くの理事が考えていましたが、脱原発のための「共同発電所」の作り方やその知識に乏しかったのは事実でした。そんな彼らは「共同発電所」設立のために先例を探し出して学んだり、過去の経験を直接聞いて学ぶことなどに貪欲でした。例えば、飯田市まで出かけて行って地域分散の再エネづくりを学んだり、世田谷区の再エネの取り組みを区長さんを呼んで勉強したりしています。

同時に、彼らは新しいことに敏感であり、同世代の青年の生活や気分を良く理解していました。彼らの目的を達成せんとするエネルギッシュな行動力と、失敗を恐れないチャレンジ精神が周囲の若者に親近感を持ってむかえられたのではないでしょうか。

大方の若者は、未来に「希望」が持てないので現状に「満足」しており、「自己責任」に追いまくられ、心理的にも孤立し引っ込みがちなのですが、そんな彼らも仲間と一緒に自分でもやれることがある、一緒に自分のやりたいことができる、自分を表現できると感じたのでしょう。そんな中では、その集会を自分のものとして自然につどい、繋がり、そして「協働」が出きていきました。「カウントダウン」の人と人の繋がりが「共同発電所」の活動に生かされていったのです。ここには、怒りという内面の力に突き動かされ、孤立を超えて「対話」するようになり、目的に共感して様々な活動を他者と「協働」する中で共感の度合いを高めて連帯し、未来を創っていく「主体」となっていくという流れが見えます。

(三) 始めの一歩を踏み出した有志

「共同発電所」設立のキックオフは、二〇一四年三月に行われましたが、その中の繋がりの中心となり、始めの一歩を踏み出した有志は、以下のように全員が二〇~四〇歳代でした。彼らの多くは、地産地消、地域分散型の再エネ発電を考えており、原発を必要としない未来を求めて「市民による市民のためのエネルギー革命」を目指して進もうと考えており、目的実現のために現状を変革せんとする批判精神旺盛な青年でした。

福島原発事故後、反原発アクションに取り組み、今、再エネ普及活動とそれを通して原発のない社会を目指している弁護士さん、〝公害都市〟川崎に生まれ育ち、光化学スモッグの下で喘息で苦しむ友人の背中をなでながら、いったいどうしてこんなことが起こるのかという悲憤を感じた原体験を持ち、市民の力で川崎を〝環境都市〟にしようと頑張る人。脱原発の運動をしているが、政府や電力会社に市民の声を届ける継続的な活動の重要性を感じており、そのためにより広範な市民を巻き込むことの必要性を感じている人。今までの原発反対運動は、集会やデモ行進するという伝統的な方法に終始し、結果として未来に繋がらない感じがあったが、そんな時に降って湧いた発電所建設計画は、確実に未来に形あるものとして残すことができるという魅力につられ、その活動のために生活を一変させた介護士さん、などでした。自分の手で発電所を作り、原発の必要がない社会を自分で創り出す、という新しい活動スタイルは共感を生み、その輪は広がって行ったのです。

(四)「カウントダウン」と「共同発電所」と

キックオフは二〇一四年三月でしたが、それまでに人の繋がりを広げることはもちろん運動をどう広げるかなどの準備は、一年ほど前から続けられていました。一三年八月には「シェーナウの想い」（ドイツのシェーナウで村を上げて配電網を買い取って様々な方法で再エネを生産し、地域に還元する仕組みも作って産業も雇用も生んで豊かになったこと、そういう動きが結局はドイツという国をも脱原発へと変えたことを紹介した映画）上映や市内の再エネに取り組む団体との交流などが行われています。

その準備の中で運動の方向として、脱原発運動のマンネリ化が見られるので工夫を要することが意識されました。脱原発を志向するが活動していない市民個人レベルでいかに参加者を増やすかという点では、創造的活動として再エネの推進に努力するのがいいのでは、と彼らは考えました。そうすれば再エネが安全で環境にやさしいから、原発の危険を知った市民の幅広い共感が得られるはずだし、それは地域から脱原発に取り組むことにもなると考えたのです。さらに、どのように再エネを進めるかの議論をすることが運動活性化の契機となる、とも思っていたのです。そして、さっそく行ったのが市内五か所での上記の映画上映会でした。

この段階では、「カウントダウン」の運動と「共同発電所」が「車の両輪」という表現もあり、「カウントダウン」の中での運動というイメージを持っているようにも見えます。しかし、「共同発電所」の活動分野が快調に広がり、「カウントダウン」以上に広くなったので、自然に独自の運動を進めるという方向を取ったのでしょう。その意味では、「共同発電所」づくり自身が新しい経験であったので、彼らは自分たちの目標達成のために学習をし、先例を研究し、関連行事に参加して経験を積んだり、行政に対しても意見を言っていくことなどを次々と実行していったのでした。

例えば、「おひさまプロジェクト」という、先行して活動していた再エネ促進のグループの行事に参加したり、川崎市に自然エネルギーの取り組みについて説明を受けたりしています。他方、「川内原発の再稼働に反対する声明」を出したり、九州電力が再エネの系統接続を「保留する」と表明すると、これに強く抗議し、改善を求める「提言」をしています。

未経験の事柄を初めて実行し、目的に接近する仕方という点では、先進例を謙虚に、だが、どん欲に学んで生かしています。伝統的なやり方を絶対視はしないが、先例から学べることはすべて学び取るという姿勢があり、ある意味で「知は力なり」（ベーコン）ということを目の前で見ている感があります。後に話が出る「浜岡原発の危険性」の学習や「再エネ促進条例市民案」作りにもそれを見ることができます。

3 「共同発電所」づくりと対話、協働

(一) 市民主体で行政とも協力して

このころ再エネ推進の仕方については、市民出資発電事業の形態や行政と協力した取り組みなどさまざまな可能性を検討しています。地域の状況に合わせ、地域のためになるものを作るために、地方自治体が「地域のコーディネーター」として機能する必要があるという言い方もしており、小規模分散型の電力事業・「川崎電力」における自治体の役割も明示しています。つまり、この頃はまだ自分たちが全て自己資金で設立する「再エネ発電所」は一つの可能性の段階にあったのです。

それでも、企業ではなく、市民が地域住民が主体的役割を果たすことで小規模分散型の社会を実現できると考えています。そして、その実現のためには、自分の力でエネルギーを作りだし、それで社会を変えていける、とも述べられています。「共同発電所」は市民が主体であること、地域の役割をしっかりとみていることは注目しておいていいでしょう。

（二）　力の蓄積と変革の観点

さて、「カウントダウン」も三回目になると参加者が半分ほどに減る中で、このままでは「マンネリ化」するので活性化する必要があるという言葉も出てきました。ただし、脱原発運動の「マンネリ化」という彼らの言い方は少し検討を要するでしょう。彼らがマンネリ化と考えているものは、三・一一の原発事故に対する「カウントダウン」の参加人数など脱原発集会参加者の減少を言っているようです。確かに「カウントダウンは」数年のうちに舞台、出展、デモというパターンになっています。しかし、それをもって単純にマンネリ、或いは、未来に繋がらないと言い切れるのでしょうか。

例えば、日本全国での原発建設反対運動はどうだったでしょうか。学習会をし、署名運動をし、集会をし、建設会社などと交渉し、デモをしたのでしょう。そういう運動の蓄積の中で、村や周囲の意識を急速に変えていったことがあることもきちんと見ておく必要があります。まともな反対運動のエネルギーの蓄積が原発建設をストップさせるという質的変化を引き起したことがあったのです。これは運動の法則的な部分であり、こういう良い意味での「伝統的な面」は確保しておいてもいいのではないでしょうか。

2016年カウントダウン集会②

もっとも、そういう彼らの多くは「カウントダウン」のデモに参加しており、両者を対立的にとらえているのではないようです（写真②）。つまり、現状を変革の観点で見ており、見逃せないと考えている状態を何としても打破したいという意欲が前面に出ているということで理解できるでしょう。実際二〇一七年の第六回目の集会参加者は第一回とほぼ同じ一五〇〇人でしたし、舞台も小出裕章さん（元京都大学原子炉実験所）のお話あり、運動している団体のアピールあり、出店も多数あり展示でのアピールもあって充実していました。

(三) キックオフ集会、設立総会、そして発電所一号機通電式

1 太陽光発電の屋根の確保、NPO設立へ

キックオフで再エネの推進のために「共同発電所」を設立することに共感と賛同が得られるなか、なんとタイミングのいいことか、太陽光パネル設置のためにマンションの屋根を無償で

使ってもいい、との申し出がありました。それで、資金も含めて全く自分たちだけで「共同発電所」を設立する条件が突然出現し、事態は急展開を見せることになったのです。

その時から七月の総会までに一六名の準備委員会が構成されました。先にも述べましたが、そこでも若い人が中心になっており、会議をきちんと開いているせいもあり年上の経験豊かなメンバーと行事遂行の意思がうまく共有されているようでした。「幅広い年齢層の参加で厚みがある組織構成になっているのが強みとなっている」と、六〇歳代の理事が自己評価しています。ちなみに、この間理事会や全体会議、チームの会議は年間で平均して五〇回ほど開かれており、行事の準備・進行を支えていることが分ります。もちろん、メール、フェイスブックなどもどんどん活用されています。こういう準備過程で三〇歳前後の若者も参加してきているのです。

2 通電式準備──「ミッション」への共感と個性を生かす「協働」へ

映画会や小田原への視察合宿旅行などをしながら、第一号発電機の通電式の準備は快調に行われました。三月三〇日のキックオフ集会の後、一号機が設置される予定のマンションを見学したあとNPO法人格取得、二〇年間の財政計画の策定、疑似私募債募集の準備など、その能力をもち、その気になっているメンバーにより諸準備がテンポよく進められました。発電所設立を具体的に進める事業検討チームだけでなく、ニュースレター（月刊「でん太通信」文末の写真参照）担当やプロモーションビデオ（以下PV）担当などのアート部、イベントへの参加・企画を行うイベントチーム、そして、国や川崎市に対する政策参加や提言をする政策検討チームが組織され、次々と課題がこなされていきました。

　多様な資質を持ったメンバーが集まり、その能力を発揮するチームの体制が組織されていったのですが、政策検討チームのある理事は、「自分たちで電気を作っちゃおうというところが頼もしく、魅力的なものでした。個性的でアイディアとエネルギーに溢れ、こういうのやろうよ、と着想をどんどん実現していくメンバーの皆さんに圧倒されています」と語っています。

①でん太君

②さきちゃん

　例えば、アート部はまず川崎夢見が崎動物公園にいる、立ち上がる動物のレッサーパンダからマスコットキャラとしての想を得て、しっぽに電球がついている「でん太君」（絵①）を生み出し、その相棒の女の子の「さきちゃん」（絵②）も創り上げました。

また、彼らは約二か月かけて、「共同発電所」の紹介から、再エネの話までを描くPVを作っており、彼らの自信作のようです。製作チームの一人は、「一介の市民電力に過ぎないNPOに不相応なPVがあるらしい、という噂があるが、失礼な話である。原発ゼロを成し遂げようとしている組織にふさわしいクオリティーのものを作ったまでだ」と〝反論〟しています。その言葉には、「共同発電所」の意義に対する自負心とそれに貢献せんとする強い意欲が示されています。

イベントチームの動きも活発で、通電式当日には、発電機があるマンションの屋上に仮設舞台を設け、そこで発電したできたてほやほやの生《なま》の電気を使ってギターの生《なま》ライブを会場に生《なま》中継しました。こういうセンスはなんでもやってみようという青年特有のもので、通電式を盛り上げようとの意欲がなければできないことです。そして彼ら自身が、自分の持てる力を発揮しつつ皆で「協働」してイベントを作り上げる中で繋がりが強まり絆となることを実感し、自分たちの「共有空間（自主的に結びつき、対話が生き、個人の力が協働の力となって成果をうみ、個人が主体として伸びられる場所）」を作り出していると自覚していったのではないでしょうか。

4 「共同発電所」――対話と協働の共有空間へ

(一) 「共同発電所」の設立

1 その「ミッション」と組織

「共同発電所」は、二〇一四年七月に設立されました。その「設立趣意書」の要点は以下のようなものです。

原発は安全でなく人間には制御できない危険なものです。福島ではふるさとの自然、平穏な暮らしが破壊されました。日本の電力には発電の利益を一部の企業が独占するという構造的な問題があり、命や暮らしより経済が優先されてきました。かつて川崎でも起こった大気汚染公害とも共通する環境破壊の歴史です。この負の連鎖を断ち切り、大企業による大規模一極集中型ではなく、地産地消・地域分散型の自然エネルギーによる発電の普及が必要と考えます、としています。

発起人の一人は、「共同発電所」の特徴を、原発ゼロを自らの手で実現せんと発足しました、市民発電所として「原発ゼロ」を掲げたのは全国でも例が有りません、と語り、草の根の力で地域に根差した「エネルギー革命」を起したいし、原発が必要でなくなる社会を目指したい、とマスコミ誌上で語っています。

こういう趣旨に賛同して沢山の人が参加しており、現在では一四〇名以上の会員とサポーターがいます。その中には原発と放射能汚染とは密接に関係すると考えている被爆二世の方も参加しています。彼は、福島の原発事故と放射線被害は、核問題がもはや被爆者や被爆二世に止まらず、国民的な課題と成っている事を象徴していると考えています。そして、国が、被爆者、被爆二世はもとより、福島の被曝者に医療補償を始めとする補償を十分に行い、また、総ての原発を廃炉にして、再エネ中心のエネルギー政策に転換するよう、被爆二世として強く訴えていきたい、と覚悟を語っています。

2　地域に目を向けて

「共同発電所」の理念の中で川崎という地域が取り上げられています。自分たちが住む都市であるので当然ですが、「地域」という言葉は重要な意味合いで使われています。「ミッション」の中で、原発事故による健康被害などは「川崎でも起こった大気汚染公害とも共通する、繰り返されてきた環境破壊の歴史です」という部分に出てきます。ある理事は、「全国の公害を見ていくと、今起こっている原発問題と同じ構造であることが分ってきます」と告発しています。別の理事も「弱者や地方に被害を押し付けて、命や健康よりも利益を優先する構図です」と語っています。

川崎では大気汚染公害を市民の力で食い止め、国の「環境基本法」に先立って「川崎市環境基本条例」を持っており、そこには市民の参加権も規定されています。そこには公害反対や環境保全運動を進めた市民の意見が反映されているのです。

市民発電は地域に目を向け、そこに根を張ることができれば、そこから大きなエネルギーを吸収し、大きく拡大成長していけるし、市民発電はその地域に根付いて、その地域社会に貢献できるという大きなメリットを持っていると言われています。顔の見える関係性の中で、新たな連帯や対話によって新しい現実を作り上げていくことが重要で、そういう地域の中でエネルギー問題に取り組むことは新しい挑戦になります。

ある理事は、「地域に暮らす人々がつながっていくことにより長期的にはエネルギー革命が実現し、原発に脅かされない尊厳社会も創ることができる」と語っています。神奈川県知事も「キララ賞」授賞式に際して、「川崎という地域に根差し、市民として『共同発電所』をしている点が評価できる。若い発想で、多くの人を巻き込みながら活動を広めて行きたいという姿勢を応援したい。活動の継続性と広まりを期待したい」と励ましています。

その端緒は開かれました。文字通り普通の市民に呼び掛け、興味関心を持ってもらい、一人でも二人でも参加してもらえる運動になるかどうかは今後にかかっています。いずれにしても、「自分たちのことは自分たちで決めたい、地域のことは地域で決めたい」という思いが強いし、このことにより本当の民主主義が確保されるのだと思うメンバーが多いのですから、不可能ではないでしょう。

3　NPO法人としての出発

「共同発電所」がどういう組織形態をとるか、ファイナンスをどのように行うかは大きな問題でした。まず、法人化の問題では、法人化すること自体は、契約の主体になり社会的存在として認知度が高いという面があるのでそれほど問題はありませんでした。しかし、ファイナンスと利益還元の仕方で、株式会社形式で行くのか、市民出資型の形態にするか、NPOで行くのかで議論がなされました。

そして、脱原発を掲げ、再エネを自分で作り、それによって電力供給の構造を変え、社会を変えていこうとする、「市民による市民のためのエネルギー革命」を目指す集団としては、非営利活動法人（NPO）が一番ふさわしということに収斂していきました。収益を会員に還元するべきだという意見もありましたが、マンションのオーナーが無償で屋根を提供しているという現実もあり、原発ゼロを目指し、収益は地域にこそ還元すべきという理念の実現を求める若い理事の意見が多数になり、一致が見られたのでした。

非営利性を本質とするNPO法人は、留意条件に「不特定多数の者の利益の増進に寄与することを主な目的とすること」も入っており、会社形態よりも再エネの普及を行う上で社会的信用を獲得しやすく、任意団体よりも安定した団体として認められるので社会的信用を基に今後の活動を円滑に進めやすい、と彼らは考えたのでした。

4　役割分担をして多様な活動

政策検討チームにも意欲ある人が集まりました。行政のエネルギー計画を議会に任せるのではなく、市民が学び、考え、話し合って決める機会があることが必要だと思っている人、原発をどうするかは国民投票で決めようというグループの人、環境問題は発生を未然に防ぐことが最も重要であると考え、未然防止には法の存在が大きな役割を果たす、そのために機会があれば、法を作ることにも関わってみたいとチームに加わった弁護士さんなどです。最後に挙げたその理事は今「川崎市再生可能エネルギー促進条例・市民案」作りをしており、条例づくりのセンスの良さと論理的に緻密な政策能力を十分に発揮しています。一号機のあるマンションの南側に建設される巨大ビルにより発電パネルに日影ができてしまう問題での、「日影条例」を制定するようにとの陳情にも、さらに、「浜岡原発の危険性」の学習にもその力は発揮されています。

事業検討チームには「共同発電所」設立の全体計画を立て、資金を集め、返済計画も立てる、NPO法人化の具体的実務を手際よくこなせる実務経験者が集まりました。メンバーの一人は、発電所がNPOという組織形態に行き着くにも多くの議論があり時間を要したが、一方で、法人格の組織形態や資金調達法の実務のスキームを研究することは非常に興味深く、やりがいもあった、と語っています。

(二) 多様な活動の中で、対話、協働を求めて

1 イベントの中で増えた若者たち

二〇一四年三月にキックオフ集会をした後、一五名の理事候補やサポーターたちを中心に、話し合いをし、知恵を出し合って様々な企画やイベントを実行していきました。この間、全体会は月一回は開かれており、役割分担をされたチームは毎週のごとく顔を合わせ、意見を交換し、政策提言などを創造せんとし、多様な事業を推進する努力をし、様々なイベントを行い、宣伝活動を展開しています。

その主なものを紹介すると、再エネを宣伝するために「シェーナウの想い」上映会を市内八か所で行い、アピールする中でサポーターも増えています。また、オフグリッドの組み立て教室を開いて、「出前発電所を作ろう！」と太陽光発電の宣伝をしています。また、「多摩電力」との学習会、「足温ネット」との学習会も開いています。このような行事のやり方の特徴は、大規模にやって沢山の人を集めるよりも、五人でも一〇人でも集まれば、そこで学び、そこで話し合いをし、サポーターを増やし、「協働」の芽を育てるというやり方です。人との出会いを大切にし、「対話」をして輪を広げていくというやり方です。そして、じっくり話し合いをしながら学んでいく場所として、合宿旅行を行っています。飯田市への「スタディーツアー」「小田原視察旅行」などです。

他団体の集会に参加して、ブースを出してアピールすることも旺盛にしています。「おひさま春まつり」「公害フェスタ」「平和をきずく市民のつどい」などですが、こういう経験が「おひさまフェス」に繋がって行ったものと思われます。また、「カウントダウン」のメインの集会やデモの中でも、メイン舞台とは別に小出さんとのミニ「対話」企画という時間と空間が若いメンバーによって確保されていたことは注目すべきことです。

そこには相対的に若い人たちが集まってきていることが写真③④からもわかります。そこからも対話的な「協働」への志向が読み取れるのではないでしょうか。そして、そういう中で未

2017年カウントダウン集会③

2017年カウントダウン集会④

来社会を創る主体が形成されていくのではないでしょうか。

自分たちの再エネ推進、脱原発という目的のためには何でも試みるメンバーの姿勢は、若い人の気持ちを引き付けるに十分であったと思われます。つまり、一般の青年は、世の中の不正をおかしいと思い、ストレスを感じているが、声を上げようにも「よい子」を強制されて何もできずにいるのが普通です。他方、何かやれば「自己責任」を押し付けられて自分の内側にのみ向かわされ、他者との共同がなかなかできない状況に、まず時間的に、次に心理的に置かれています。前述したように、彼らは未来に「絶望」しており、現状に「満足」している若者たちなのです。

そんな時に、自分の居場所ができ、他者と「対話」しながら自分の意見を表明できるだけでなく、その実現に他者とともに自分の持てる力を発揮して挑戦できること、「協働」できることは魅力的です。そういう「共有空間」の中では、仮に失敗でさえも他者と共有している貴重な経験となり、学びになるので

2017年カウントダウン集会⑤

す。そういう中での様相を豊泉周治氏は、彼らは自己を実現し、自己を変革していくのですが、それが「仲間志向」型の経験、「他人指向」型の、本質的に「社会的共同に関わる経験」なのです、と語っています。若者が「社会化」した自己を獲得していくのであり、変革主体になっていくのです。ある人が「共同発電所」の活動を「夢のような活動」と言っているのもその事を言っているのであろうし、自分の対話圏の広がり、「共有空間」を実感できる「わくわくする」活動になっていったのでしょう。（写真⑤）

（三）「共同発電所」、「おひさまフェス」での対話、協働、共有空間

1 「共同発電所」設立の中での共同作業

ある理事が「共同発電所」を作ることが脱原発運動に刺激を与え、具体的な成果として見えることが何とも言えない魅力である、と語っていることを以前に紹介しました。発電所を作ること自身が色々な共同作業を含んでいることは分かり易いことです。その理事は、「カウント

ダウン」などのように年一回ではなく、恒常的に発電しており、常に活動している「共同発電所」は、社会に継続的に発信できる重要な機能を持っているし、反原発運動の新しいシンボルとして人と人をつなぐ媒介としてもとても魅力的だ、と言っています。さらに、別の理事は、「三号機を作った喜び以上に、メンバーが自分の力を発揮し、協働して共有空間の中で輝いている方がもっといい！」と強調しています。

そして、上の言葉は共同作業の中で他者に依存しながら自分が実現される、他者もまた自分に依存して他者が実現されるという「協働」の大切さを実感し、経験していることを自覚的に語った言葉、「共有空間」の中での主体の出現とその拡大を喜んでいる言葉と考えていいでしょう。

こういう「共同発電所」の活動の仕方は対話的であり、社会的問題意識を持っているがなかなか動き出せない青年やありのままの自分を出して他者との繋がりを持ちたいが、デモではなく他の形で自分の想いを実現できないかと考えていた若者に強くアピールしたのではないでしょうか。

2 「おひさまフェス」での対話、協働の深まり

こんな動きの中でメンバーが増え、一五年九月の「おひさまフェス」(写真⑥⑦)に繋がっ

おひさまフェスのチラシ（2016年）⑥

ていくのです。「おひさまフェス」は多摩川の河川敷で行われましたが、「共同発電所」発足後一年ほどしか経っていませんでした。イベントチームが中心となりましたが、医療生協やコープ、環境団体、学生ボランティアなどと手を組むことができたこと、それぞれの役割の中で核となる人が存在したことが大きなイベントになった原動力でしょう。

「おひさまフェス」は、そんな集団が自然環境にも優しい再エネ推進と脱原発をアピールしようと計画したもので、太陽光で発電した電気で音響、映写機を動かし、舞台を設置し、三〇以上の出店のテントなど機材の準備をし、参加者が延べ二〇〇〇名の集会を成功させたのでした。二〇～四〇歳の若者を中心に協力体制を取り、五〇～六〇歳代の中年（車やテント機材の確保・運搬、町会との連携などに強い）とも「協働」してやり遂げたのは驚きと言ってよいでしょう。そのメンバーの一人は、命を大切にする社会を作っていくために必要なことはたくさんの人と対話し、協働することだと考えていたが、「共同発電所」の取り組みと出会い、その「対話」と「協働」が「共同発電所」や「おひさまフェス」にあると分かり、新たな社会を作り上げていく可能性とわくわくも感じている、と語っています。

3　「おひさまフェス」での対話、協働の飛躍

この行事遂行の中心となったメンバーの一人は、小田原合宿で出会った「おひさまマルシェ」という再エネのための行事の中で、それまでの自分の枠を超えて人と出会い、「対話」をし「協働」することが自分でも可能なことを直感しました。そして、そこで得た〝種〟も持って、多様な考えを持つ人と出会い、対話をする場となっていく「おひさまフェス」に挑んだのでした。

2017年おひさまフェス⑦

「おひさまフェス」で活躍した若者の多くは、自分たちが今までほとんど知らなかった人たちが一つの目的で集まり、実行するために対話をし、それぞれの力を出してイベントを作り上げていった経験をほとんど持ちませんでした。また、自分たちのグループが他の団体やグループと手を結んで行事を行うという共同の体験もあまりない若者たちでした。もちろん、市民運動の経験豊かな中年の人の存在は困った時に進行を支える貴重な役割を果たしたことも忘れてはならないでしょうが、そんな若い彼らが、「一人でできなかったこと（自然エネ

を使った舞台）も、一つの団体ではできなかったこと（二千人の参加）も、たくさんの力や思いが集まることで形になってきている」と実感を語るようになって行ったのです。

実行委員会を重ねるにつれ、舞台企画は次々と決まっていき、「共同発電所」のPV第二号もできるなど、話し合いの下それぞれの持ち場でそれぞれの持てる力が発揮されました。そして、自分たちの協力により「おひさまフェス」の豊かな内容が決まっていく様を見て、人は話し合いで一つの目的を実現しようとするとすごい力が出せるんだと感じ、対話して実現していく協働する力を体験して行くことになりました。そして、「対話」をして自分を表現し、「協働」して目的を実現する「共有空間」の中で自分が変わった、大きくなったと感じた事でしょう。そこには「対話」と「協働」の飛躍があったのです。そして、そういう経験を積めば多くの若者はもっと主体的になっていくでしょうし、自分たちの目的が実現した未来を他者と共に描くことができるのは本当にわくわくすることなのでしょう。

4　フッーの若者が協働の中で輝く

こんな変化もありました。今まであまり人前には出なかったメンバーが「おひさまフェス」をより明確に表現するために、renewable energy の文字と太陽とソーラーパネルと映写機などを組み合わせたフライヤーのデザインを創りました。再エネへの関心を高めるために「市民が作った電気でお祭り」ということを伝えようとしたのです。福島原発事故から五年後のこの年のフェスのキーワードは「五年後、一〇年後の未来に向けて」でしたが、これは未来への「希望」を描きにくい若者が、「協働」を経験し得て、現状を主体的に変革せんとの希望を語ったもので、「共有空間」の中で起こった飛躍を示しているのではないでしょうか。そうとすれば、未来に「絶望」していた若者が、仲間と共に未来を描けることは本当にすばらしいことでしょう。

そういう特質を持った「共同発電所」だったので、多くの若者を引き付け、経験豊かな中年とも協力し、発足一年後であり初めて行うイベントにも関わらず、大勢の参加者で「おひさまフェス」を成功させることができたのでしょう。「掛け替えのない時間と宝石のような経験をいただきありがとう」というのが責任者のまとめの言葉でした。

5 「共有空間」の中での若者

若者が変化し主体的になっていくのは「協働」の中で自分を表現し自分の力を生かせる時です。社会の中では努力しても認められないでしんどい思いをすることがしばしばありますが、他者から「承認」されることにより自信もつき、自分が豊かになっていることも実感できるでしょう。目的に向かってみんなのために努力することにより、自己が他者とともにあるのが自覚されます。そして、その中で自己が「社会化」され、より自律的なより主体的な自己に変わっていくのです。そして、そこに若者たちのアソシエーション（自立した自由な諸個人の社会的共同組織）が展望できるのです。

5　活動の現状とこれから

(一)　政策検討チームの活動

政策検討チームは、国、電力会社、自治体へ市民の声を届けていく役割をしています。その前提として、現在の電力業界の利権構造の仕組みや問題点、自然エネルギー普及のために必要な支援策などについて、時間をかけて学習、調査、研究、分析を行っていきました。先進的な飯田市や世田谷区の事例研究をして会議に報告し、再エネ条例案の中などに生かそうとしています。具体的には以下のようです。

1　ＦＩＴへの「意見書」提出

国の固定化価格買取制度（ＦＩＴ）については、着実に成果を上げていると評価しつつも、市民が自力で再エネ発電を続けていくために、一〇〜五〇〇キロワットの調達価格の分類を追加し、五〇〇キロワット以上よりも調達価格を高くすること、と「調達価格等算定委員会」へ意見を表明しています。

2　「電力会社による系統接続の『保留』に強く抗議し、改善を求める」という内容の「提言」も政府や電気事業連合に送りました。

3　「川崎市エネルギー取り組み『方針』に対する意見書」提出

川崎市の環境局地球環境推進室や行政が行っている自然エネルギーの現状の意見交換や「新計画」へのパブコメに詳細な意見を提出しました。「『川崎市エネルギー取り組み方針』に対する意見書」は事業検討チームの理論水準と政策能力の高さを示しており、その緻密で正確な論理構成力を示しています。ここでは項目のみ紹介します。

第一　原発に頼らない社会の創設へ

第二　再エネ普及方針の強化の明示を

第三　目指す都市像として公害を繰り返さない市民自治の環境都市を
第四　エネルギー協議会の設立と行政内の専門部署の創設
第五　中小企業の支援の視点も持ったエネルギー方針の策定

4　日影問題に対する対応

二〇一五年に一号機の隣接南側に五階建てマンションが計画されました。その計画では三階屋上の発電パネルに日影が生じることから補償交渉をし、川崎市には「日影条例」を制定するよう陳情しました。これは、業者に対する交渉や意見書だけでなく、「共同発電所」の視野の広さを示しています。

建築基準法上は「受忍の範囲」ということで、八時から一六時の日影を表示すればよく、太陽光発電に対する日影問題は想定されていませんでした。しかし、川崎のような都市部では同様の問題が起こるとして陳情を行ったのです。しかし、政令指定都市では初めての「日影条例」制定の陳情は残念にも審議未了になりました。

5　市民の「川崎市再生可能エネルギー促進条例」案などの学習会

川崎には「川崎市環境基本条例」があり、これは国の「環境基本法」に先立ち制定されたものです。公害などの地域的な環境問題のみならず、地球環境問題を意識した内容を持ち、さらに市民参画に関する規定も盛り込まれるなど、平成三年当時としては、先駆的な内容を持つものです。

そういう川崎市のために、福島原発事故以降の状況にふさわしい、原発ゼロを志向する「川崎市再エネ促進条例」案を作りました。その目指すところの概略は、

一、再エネ社会への方向を示し、脱原発に向けた道筋を自分たちの地域から確実に作り出していくこと、

二、公害克服の歴史を持ち、環境政策先進地域らしい再エネ政策の指針にしてほしいという願いを込めました。前文には、川崎市は原子力に頼らない街とならなければなりません、と明記し、その目的に、

a　エネルギーの安定供給と供給時の環境負荷の低減

b　地産の安全で環境負荷が少ないエネルギー利用を追及する過程に市民が参加できるようにし、市民参加を権利とすること

c　国の原発依存度を下げること、

——を挙げました。

そして、この条例の最大のポイントは、市民が再エネ事業に参画する仕組みを作ることを行

政の責務としている点です。これが今川崎市民エネルギー協議会（以下「市民エネ協」）で条例化に向け議論されています。今年に入りその「条例案」に磨きがかけられて「市民エネ協」で承認されました。今後は市議会に対する働きかけや市民との幅広い合意作りに進んでいくことになります。

（二）　他団体との連携、行事、学習会

「共同発電所」は、上記のような政策活動や独自の行事や学習会、他団体や個人、行政と様々な交流・連携活動を旺盛に行っています。「平和をきずく市民のつどい」「おひさま春まつり」「公害環境フェスタ」などに参加してアピールをしたり展示をしたり、浜岡原発の見学にも行っています。ドイツの環境運動との連携や台湾のテレビ局の取材を受けたり、ミャンマーからの視察団受け入れて交流したりとその活動範囲は広きにわたっています。

例えば、地域の力を一つにまとめる為、「市民エネ協」が設立されましたが、活動方針として、

一、かわさきの地域エネルギーの課題に取り組む各市民団体との連携の輪を広げてのネットワークの拡大、

二、各団体で集団的に取り組むこととして、国の固定買取制度に対する意見表明および「川崎市再生可能エネルギー推進条例案」について共同して検討・提案すること、さらに、この組織で「再エネ条例」の実現の努力をすること、

三、川崎市と連携強化して行政市民共同型事業として、川崎市が公共施設への屋根等を提供するスキームについて共同研究・提案を行うこと、

――を提起しています。

市内の環境団体と川崎市環境局とのプラットホームが「市民エネ協」なのです。この点でも一歩前進していると言っていいでしょう。

6 原発のない社会の創造へ

「共同発電所」は今後様々なことに挑戦していくでしょうが、その中には容易ではない、努力が必要なこともあるでしょう。しかし、そんな中でも「共同発電所」は二〇一七年秋に横浜市鶴見区にある診療所の屋上に三号機の建設に着手します。発足四年目にしては大きな成果と言っていいでしょう。一号機、二号機は年間でそれぞれ約一〇〇万円、約七〇万円の売電収入

を上げており順調ですし、売電先も原発事故を起こした東電から生活クラブエナジーに替えました。「おひさまフェス」もなんとかうまくいきましたし、発電パネルの維持管理、補修も行われました。他団体との交流も相変わらず活発です。

スタッフは、青年期特有の困難を一部抱えているものの、原発のない社会に向けて映画会などに奔走しています。そういう「共同発電所」を原発のない社会に向けて力を発揮する運動として、「市民による市民のための再エネ革命」を起こしうる運動として期待をしていいでしょうし、未来社会を創る主体性を持つ若者が育っている貴重な運動として期待をしていいでしょう。

参考文献

豊泉周治『若者のための社会学』（はるか書房、二〇一〇年）

豊泉周治「若者の現在とコンサマトリーな民主主義」『教育』二〇一六年五月号（かもがわ出版）

原発ゼロ市民共同かわさき発電所ＷＥＢサイト（https://genpatuzero-hatuden.jimdo.com/）

市民・地域共同発電所全国フォーラム（https://ja-jp.facebook.com/repowerforum/）

年表Ⅰ　「共同発電所」設立から「おひさまフェス」までの経過

2012年	3月	「カウントダウン」集会　@平和公園 「カウントダウン」有志　再エネ促進グループ「川崎自然エネルギー」で学習会を始める
2013年	8月	地域活動交流会、
	9月	世田谷区長保坂氏を呼んで学習会
	10月	太陽光発電パネル組み立てワークショップ
	11月	世田谷市民エネルギー合同会社に関する学習会
2014年	1月	ＮＰＯ「足温ネットえどがわ」による 「市民による市民のための市民発電所を川崎に」と題する学習会
2014年	3月	「共同発電所」キックオフ集会
〃	6月	自然エネルギースタディーツアー　@飯田市
〃	7月	「共同発電所」設立記念シンポジウム　@多摩市民館
〃	9月	「多摩電力」と学習会
〃	10月	小田原視察旅行（合宿）
〃	11月	「シェーナウの想い」上映会（幸、麻生、宮前）
〃	11月	ＮＰＯ法人設立（登記）
〃	11月	「住まい何でも相談会」（アゼリア）に参加
2015年	2月	発電所１号機通電式　@国際交流センター
〃	3月	「カウントダウン」集会　@平和公園
〃	3月	「おひさまマルシェ@小田原」に参加
〃	3月	「日本科学者会議国際シンポジウム」に参加　@横浜国大
〃	4月	「きらきら発電所」で講演をする
〃	4月	「おひさま春まつり」に参加　@中野島公園
〃	4月	「出前発電所（オフグリッド）を作ろう」教室
〃	5月	「公害フェスタ」に参加　@溝の口駅
〃	5月	「シェーナウの想い」上映会　@せせらぎ、桜庭宅
〃	6月	平和をきずく市民のつどいに参加　@平和館
〃	6月	第１回通常総会・記念講演会　@てくのかわさき
〃	6月	静岡視察旅行（合宿）　@浜岡、浜松
〃	8月	「自治体エネルギー条例」学習会
〃	8月	スマートエネルギーセミナー 「エネルギーは地産地消の時代へ」@県民ホール
〃	9月	「川崎市エネルギー取り組み方針」学習会
〃	9月	原発立地地域での発電所設立調査　@いわき
〃	9月	「おひさまフェス」@二カ領せせらぎ館下多摩川河川敷

○2014年7月～2015年6月の１年間での会議は、
・理事会—11回　　・政策検討チーム会議—13回
・事業検討チーム会議—14回　　・アート部会議—3回
・イベント企画チーム会議—6回　　合計47回行われた

年表Ⅱ　その後の経過

2015年	10月	オフグリッドワークショップ @テクノかわさき、多摩市民館など計３回開催
〃	11月	神奈川県地域エネルギー課との学習会
〃	11月	ミャンマー視察団受け入れ
〃	12月	多摩地区・山梨視察旅行・合宿
2016年	1月	「川崎地域エネルギー市民協議会」設立総会
〃	1月	「日本と原発」上映会@平和館、高津市民館で計３回開催
〃	2月	キララ賞受賞　@神奈川生活クラブ
〃	3月	原発ゼロカウントダウン集会　@平和公園
〃	5月	１日合宿（ワークショップ）　@中原市民館
〃	6月	浜岡原発の危険性と訴訟に関する学習会 @市民活動センターなど計５回行われた
〃	6月	第２回定期総会　@高津市民館
〃	9月	第２回おひさまフェス＆星空上映会　雨で混乱
2017年	2月	「無配当出資」の学習会　@中原市民館
〃	3月	なくそう原発パレード　@鶴見駅周辺
〃	4月	上野村スタディーツアー・合宿
〃	6月	第３回定期総会　@大山街道ふるさと館 講演「浜岡原発事故と神奈川への影響」
〃	7月	「日本と再生」上映会、河合監督講演会@産業振興会館

第32号
でん太通信
den ta tsu-shin
かわさき発電所 ニュースレター

第6回「原発ゼロへのカウントダウンinかわさき」集会 報告
～東電・国の責任を求めて～

原発ゼロへのカウントダウンinかわさき実行委員会・共同代表　川口 洋一（当法人・理事）

3月12日（日）8：00、中原平和公園に着いてみると、既にテント・机・椅子を積んだ十台近くのトラックが到着しており、土建や建設などの組合員の皆さんや各ブースの代表が設営の作業に取り掛かっていました。

10：30　開場。ブース広場の一角に設けられたサブステージでにぎやかな太鼓の音が響きます。天気は晴れ、例年のように10時頃から吹き始める春の強風も今年はなく、暖かく穏やかな日となりました。出展は31団体、人の出足も順調で、「原発ゼロ市民共同かわさき発電所」などの自分たちの活動を紹介する展示ブース、食べ物を売る店、飲み物を提供する店、どこも賑わっていました。中でも通路にあふれるほど人を集めていたのが「希望のつばさプロジェクト」でした。その秘密はメインゲストの一人、小出裕章さんを囲んでミニ学習会が行われていたのです。

平和公園を出発し武蔵小杉駅まで約1時間原発ゼロへのデモ行進。先頭は左から小出裕章さん、松本徳子さん、川口洋一さん。

13：00　開会。避難の協同センター共同代表の松本徳子さんは、鼻血をだし、下痢などの体調不良を訴える当時12歳の娘さんの被曝を避けるため川崎へ避難してきました。被曝の安全基準を事故前の20倍、年間20ミリシーベルトまで引き上げての避難解除です。「そんな福島に帰れと言われても帰れない、私たちには避難の権利があるのです。事故を起こした東京電力は国に守られて、なんら罰せられることがありません」と、その理不尽さを訴えていました。

メインステージにて、原発ゼロに向けてアピールをする当法人の児玉さん。

ブース広場で「パネル展示」と福島のお酒の「飯舘」を出店し、大好評。

同じように、元京都大学原子炉実験所助教の小出裕章さんも、事故を起こした東京電力や原発推進政策を強力に推進してきた国が、何ら責任を取ることなく原発の再稼働を進めていることは許せないと述べていました。一緒に来た歌手のきいたまんぞうさんも大きな声で歌い、最後に「原発アウト～」と野

1

第6号
でん太通信
den ta tsu-shin
かわさき発電所 ニュースレター

■これからも一歩ずつ――発電所第一号機通電式報告■

2015年2月1日に発電所第一号機通電式を開催しました。

お天気の良い中、30人以上の方に事前に発電所見学をしていただき、川崎市国際交流センターで開催された通電式。

前半の記念講演では、川崎医療生協 [illegible]ふじさきクリニック所長の竹内啓哉さん、エネルギーから経済を考える経営者ネットワーク代表理事・鈴廣かまぼこグループ代表取締役副社長の鈴木悌介さん、多摩循環型エネルギー協会・多摩電力合同会社の大木貞嗣さんという豪華なゲストの方々にお話いただきました。

竹内さんからは「安全な線量」というものはない中で、放射線の問題は単に医療の問題ではなく人権の問題であるということ。鈴木さんからは、経済VS脱原発といった「対立」ではなく、顔のみえる関係性の中で、新たな連帯や対話によって「新しい現実」を創り上げていくことの重要性。大木さんからは、人と人との顔が見える関係性のある「地域」の中でエネルギー問題に取り組むことが、輪の広がりをもたらし新たな可能性を生み出しているということ。それぞれのお話からは、こんなことを学び考える時間となりました。

1

あとがき

本書は日ごろ、若い人むけに考えていることを、勤労者通信大学の哲学教科委員会の六人の仲間が、自由に書いたものです。

お世辞ぬきで現代の若い人たちは、いい面をたくさんもっています。ものごとを合理的に考え、仲間を尊重し、互いに相談しあって役割を分担してことにあたる、こういう点ですぐれています。

二〇一一年三月の東北をおそった大震災では、たくさんの青年男女が被災地に出かけ、ボランティア活動を通して、被災した人たちをはげまし、ささえました。

ほんとうに、21世紀の新しい日本をつくるに頼もしい若者たちです。

まえがきにもあるとおり、社会の転換期には予測できないことが起こるものです。こういう時だからこそ、人間にとって、なにが大事なのか・どのように生きていくのか・社会をどのように変えていくのか――ものの見方・考え方、思想を日ごろから働かせておく必要があると思います。そのために、本書がすこしでも参考になればうれしいです。

二〇一八年一月

木村　孝

著者紹介

村本　敏（むらもと　さとし）
勤労者通信大学哲学教科委員

木村　孝（きむら　たかし）
勤労者通信大学哲学教科委員

牧野広義（まきの　ひろよし）
阪南大学名誉教授

岩佐　茂（いわさ　しげる）
一橋大学名誉教授

村瀬裕也（むらせ　ひろや）
香川大学名誉教授

田辺勝義（たなべ　かつよし）
勤労者通信大学哲学教科委員

21 世紀をつくる君たちへ

発行　2018 年 2 月 5 日　初　版

定価はカバーに表示

編著者　木村　孝

発行所　学習の友社
〒 113-0034　東京都文京区湯島 2-4-4
TEL 03（5842）5641　FAX 03（5842）5645
郵便振替　00100-6-179157
印刷所　　モリモト印刷株式会社

落丁・乱丁がありましたらお取り替えいたします。

ISBN 978-4-7617-1444-4 C 0036